晋升高级会计师，您有几成把握？

希望有意参加高级会计师考试和申报评审的会计人员，在您拿到此书的时候能够抽3~5分钟的时间认真阅读此内容，以便对自己接下来的考评有一个较好的提前规划，同时对于自己是否能够顺利地通过考试和评审、最终成为一名高级会计师，有一个较为客观的自我评判。

通过高级会计师考试是迈向晋升高级会计师的第一步，60分为国家标准合格线，达到或高于此分数即可获得参评机会。但由于各省市在高级会计师评价条件和流程方面略有不同，所以每一位希望晋升高级会计师的会计人员有必要提前充分了解所在省市的相关政策。据公开资料显示，浙江从2019~2022年的4年期间，历年高会参评人数均超1000人且通过比例在73%左右。另外，江苏地区参评人员也众多且评审由江苏省财政厅与南京市财政局分别组织，最近四年平均通过率也高达75%。反观上海、山东与安徽等地评审通过难度明显比江苏与浙江高，这些地区的评审通过率基本上维持在40%~60%左右。

结合上述及各方面的评审要求，准高级会计师们应当注意以下几点：

01、关于专业技术理论水平

专业论文是否集中在申报前一年，甚至当年或者临近评审期发表？

专业论文内容是否与本职工作相关，是否能体现本人的专业研究成果？

专业论文是否能通过查重检测？是否发表在高影响因子的财经期刊上？

02、关于工作经历与业务能力

对照评价办法规定，衡量申报人是否符合评价条件的规定？

通常江浙沪地区申报人所在单位的规模、会计岗位的技术难度，以及申报人从事会计工作年限和担任的岗位职务等，与评审通过率存在较为明显的关联影响。

从实际评审结果来看，事业单位财务负责人或较大规模事业单位中重要会计岗位的申报人优势相对明显；对于企业会计人员而言，通常是所在单位规模越大、会计业务的技术难度越高、申报人担任的会计岗位职务越高，越有利于通过评审，如大中型国有企业、上市公司、制造企业等。

03、关于专业技术工作业绩与成果

这是高级会计师评审中最为关键的内容，在评审赋分时占有极大的比重（比如浙江省此部分赋分值高达60分），主要衡量申报人独立完成的专业工作成绩。注意：这部分内容需要申报人提交相关佐证材料加以自证。

在专业技术工作业绩的赋分方面，大中型国有企业、上市公司、制造企业等单位的会计人员有明显的优势；小微企业和事业单位由于企业存在机构规模小、业务相对单纯、会计工作技术难度小等特点，所以在赋分方面存在天然的劣势。但是从评审实际结果看，也不尽然，比如经过对浙江和江苏两省近两年实际评审通过名单的分析，事业单位实际参评通过率并不低。以本机构为例，经过我们辅导后的事业单位申报人都顺利通过了评审。

此外，从2019~2022年实际申报情况看，民营企业财务人员参加申报占比较大，但是由于除了会计师事务所等中介机构的小型民营企业（如代理记账机构）会计人员，因受企业规模、会计业务技术难度等因素的局限，较难展现专业技术工作能力和业绩，以至于评审通过率也较低。

针对上述情况，建议申报人，特别是小微企业（含中小型民营企业）和事业单位的申报人，尤其需要注重积累专业技术工作业绩。如果在这方面尚未积累到足够的程度就贸然参加高级会计师的考试，那么在考试成绩3年有效期内仍无法顺利通过评审的可能性就大大增加。

故建议各位准高会人员在备考前期可扫码获得一对一免费专业评审分析，以最高效方式成功晋升高级会计师！

扫码观看各地评审政策解析视频　　扫码获取免费评审指导建议

上海国家会计学院
远程教育网
www.esnai.net
财会网上学堂

高级会计师考试、评审辅导
高会考评的辅导领先机构

高级会计师职称考辅课程

高级会计师 — 考评全程班

☑ 考试+论文+评审一站式服务

☑ 名师授课 通关无忧

高级会计师 — 超值精品全程班

☑ 系统逐章精讲 扫除学习盲点

☑ 经典案例剖析 考前直播答疑

高级会计师职称评审指导课程

高级会计师 — 论文指导班

☑ 选题+撰写+审稿+发表

☑ 3次审稿服务 发表无忧

高级会计师 — 核心期刊指导发表

☑ 根据所在地评审要求选择合适核心期刊

☑ 帮助选题+写作指导+审稿定稿

高级会计师 — 评审业绩指导

☑ 全方位讲解评审答辩流程

☑ 1对1指导 挖掘个人亮点

☑ 模拟面试指导（仅针对面试地区）

高级会计师 — 评审面试辅导班

☑ 模拟评审面试答辩

☑ 针对性指导提升

正高级会计师 — 正高评审业绩指导

☑ 1对1指导 润色业绩材料

☑ 模拟真实评审环节

▶▶ 手机扫码
了解更多课程安排

2023 中财传媒版

年度全国会计专业技术资格考试辅导系列丛书 · 注定会赢®

高级会计实务
全真模拟试题

上海国家会计学院　组编

财政部中国财经出版传媒集团　组织编写

马荣贵　刘凤委　王纪平　余　坚　郑庆华　编著

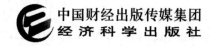

中国财经出版传媒集团

经济科学出版社

图书在版编目（CIP）数据

高级会计实务全真模拟试题/上海国家会计学院组
编；财政部中国财经出版传媒集团组织编写；马荣贵
等编著．－－北京：经济科学出版社，2022.11
（中财传媒版 2023 年度全国会计专业技术资格考试辅
导系列丛书．注定会赢）
ISBN 978 - 7 - 5218 - 4311 - 8

Ⅰ.①高⋯　Ⅱ.①上⋯②财⋯③马⋯　Ⅲ.①会计实
务－资格考试－习题集　Ⅳ.①F233 - 44

中国版本图书馆 CIP 数据核字（2022）第 219729 号

责任校对：杨　海
责任印制：李　鹏　邱　天

高级会计实务全真模拟试题

GAOJI KUAIJI SHIWU QUANZHEN MONI SHITI

上海国家会计学院　组编

财政部中国财经出版传媒集团　组织编写

马荣贵　刘凤委　王纪平　余　坚　郑庆华　编著

经济科学出版社出版、发行　新华书店经销
社址：北京市海淀区阜成路甲 28 号　邮编：100142
总编部电话：010 - 88191217　发行部电话：010 - 88191522
天猫网店：经济科学出版社旗舰店
网址：http://jjkxcbs.tmall.com
北京密兴印刷有限公司印装
787×1092　16 开　8.5 印张　180000 字
2023 年 1 月第 1 版　2023 年 1 月第 1 次印刷
ISBN 978 - 7 - 5218 - 4311 - 8　定价：38.00 元
（图书出现印装问题，本社负责调换。电话：010 - 88191510）
（打击盗版举报热线：010 - 88191661，QQ：2242791300）

打造高级会计实务考试最佳配套读物

——编者的话

对绝大部分考生来说，要提高复习效率、提高通过考试的概率，选择适合自己的辅导课程、选择与教材配套的辅导读物十分必要。打造一本与教材配套，最有效率地利用考生的复习时间，最大程度提高复习效率的辅导读物，则是本书编写组的目标。

作为从 2005 年开始开展高级会计师考试辅导的机构，上海国家会计学院远程教育网在此前的 18 年，帮助数万考生通过考试，并在业内首创了答题技巧课程、论文写作与发表指导、职称评定指导等为考生所欢迎的项目，这些项目已经涵盖了高会考试、论文发表、职称评定资料撰写的方方面面。

2013 年，我们推出系列考试辅导书，包括：《高级会计实务辅导教材精讲与指南》及《高级会计实务全真模拟试题》。这两本书获得了广大考生的喜爱。2022 年，我们在之前年度的基础上，对这两本书进行了优化，改名为《高级会计实务过关一本通》及《高级会计实务全真模拟试题》，并增加一本口袋书《高级会计实务知识点速查手册》，希望能为考生顺利通过高级会计实务考试带来更大的帮助。

这三本书的目标为：

- 帮助考生了解、掌握大纲和教材的重点考点；
- 提高考生应试能力及对会计有关问题的分析判断能力；
- 创新使用思维导图、复习便签等方式，帮助考生最大程度利用有限的复习时间。

就本书而言，我们做了如下贴合考生需求的创新：

如下创新基于我们此前连续 18 年出版高级会计师考试辅导读物的经验积累，基于我们对近千名考生的调查分析，基于与各位辅导名师的充分研讨。

1. 真题助力应试

在"高级会计专业技术资格考试中考生容易丢分点分析"板块，给出了 2022 年试题，并对试题作出了点评，分析考生主要失分点，力图让考生通过试题，了解各章节的考题设计思路、并能举一反三，掌握做题方法。

2. 配套资源更丰富

本书编写组各位专家均是上海国家会计学院远程教育网高级会计师考前辅导教师，这有助于将本书的勘误、内容答疑的效率最优化，能更好地帮助考生理解知识点、强化应试能力、顺利通过考试。

打造教材最佳配套辅导书，我们要感谢各位优秀老师的奉献！他们是马荣贵（失分点分析）、刘凤委（第一章、第四章）、王纪平（第二章、第五章、第八章）、余坚（第六章、第七章）和郑庆华（第三章、第九章、第十章）。

封面处图书防伪标识码可以同时用于抵扣上海国家会计学院远程教育网高级会计师精品全程班网络辅导课程（sa. esnai. net）学费 100 元。

上海国家会计学院
2023 年 1 月

7×24 小时客服热线：400－900－5955
企业 QQ 咨询：4009005955
微信公众号：saesnai（或扫描左侧二维码）

目　录

2022年高级会计专业技术资格考试中考生容易丢分点分析

一、**案例分析题必答题**（本类题共7题，共80分。凡要求计算的，可不列出计算过程；计算结果出现两位以上小数的，均四舍五入保留小数点后两位小数，百分比只保留百分号前两位小数。凡要求分析、说明理由的，必须有相应的文字阐述。请在指定答题区域内作答）

案例分析题一（本题10分）

甲公司是一家国有控股上市公司，主要从事风能和太阳能的开发、投资与运营，属于新能源发电行业。为实现长远发展，在进行内外部环境分析的基础上，甲公司制定了"十四五"战略发展规划。规划部分内容摘录如下：

（1）战略分析。①宏观环境，当前，环境污染、全球气候变化已成为人类面临的巨大威胁。"十四五"期间，我国将深入推进能源革命，加大对碳减排的政策支持，加快扩大风能、太阳能发电规模，建立清洁低碳、安全高效的现代能源体系。②行业环境，当前，国内百余家企业正在开展新能源发电投资运营业务，5家头部企业均已制定"十四五"新能源装机规划，新能源发电行业将进入快速发展阶段。此外，诸多信息与通信基础设施供应商、工程承包商等非发电企业，也正在进入新能源发电行业，抢占新能源发电市场。

（2）战略选择。"十四五"时期，在"初步建成具有全球竞争力的世界一流新能源公司"的战略指引下，甲公司计划通过以下路径实现高质量发展：①实施全球发展战略，聚焦重点国别和重点市场，进入尚未涉足的东南亚和南美新能源市场，加快推进现有业务的属地化经营。②实施全产业链发展战略，凭借自身在技术、品牌、管理等方面的比较优势，重点并购1~2家电力设备制造商，进一步降低新能源业务的开发和投资成本。

（3）战略控制。甲公司以潜能挖掘、价值创造为控制目标，应用平衡计分卡对战略进行管控，从财务、客户、内部业务流程、学习与成长四个维度，对经济增加值、战略客户数量、净利润、新能源发电量市场份额、培训计划完成率等指标进行任务分解。董事会据此对经理层进行业绩评价，且评价结果直接与经营班子年度薪酬挂钩。

假定不考虑其他因素。

要求：

（1）根据资料（1）中的第①项，指出甲公司宏观环境分析主要体现了 PESTEL 分析法中的哪些关键要素。

（2）根据资料（1）中的第②项，指出甲公司行业环境分析主要体现了迈克尔·波特"五力模型"中的哪些竞争力量。

（3）根据资料（2）中的①～②项，分别指出甲公司采取的成长型战略的基本类型，并说明是哪种具体类型。

（4）根据资料（3），指出甲公司战略控制中采用了哪些管理控制模式。

（5）根据资料（3），指出甲公司所选取的平衡计分卡指标中，分别属于财务维度和客户维度的指标有哪些。

1. 考核内容及分值

本题考核第一章企业战略和财务战略及第七章企业业绩评价，分值 10 分，其中第一章 8 分，第七章 2 分。

2. 主要失分点

（1）根据资料（1）中的第①项，指出甲公司宏观环境分析主要体现了 PESTEL 分析法中的哪些关键要素。

①考题给予资料涉及政治环境和生态环境两个要素，考生不能全面理解该知识点出现漏答或者错答；

②考生把教材内容所涉及六个关键要素都抄上的，视为"投机取巧"答题，不给分；

③凡陈述了试题所涉及政治环境和生态环境两个因素所包含具体内容的，由于阅卷实行得分制，不扣分。

提示：如果标准答案是 2 个，多答 1 个关键因素的不得分也不扣分。

（2）根据资料（1）中的第②项，指出甲公司行业环境分析主要体现了迈克尔·波特"五力模型"中的哪些竞争力量。

①只答出一个竞争力量，得一半分值；

②没有时间认真审题，把四个竞争力量都抄上，不给分；

③根据教材的"五力模型图"写成"潜在的新进入者"和"同业竞争者"，与标准答案"行业新进入者的威胁""同业竞争者的竞争强度"表述不完全相同，不影响得分。

（3）根据资料（2）中的①～②项，分别指出甲公司采取的成长型战略的基本类型，并说明是哪种具体类型。

①成长型的基本类型判断错误；

②企业战略的具体类型判断错误，如"市场渗透""前向一体化"不能得分；

③将一体化战略的具体类型表述成：纵向一体化（前向一体化）的视为答题错误，不给分。

提示：试题没有要求答出三级战略如"一体化战略—纵向一体化战略—后向一体化战略"的，不要回答详细战略名称，以免出错。

（4）根据资料（3），指出甲公司战略控制中采用了哪些管理控制模式。

①管理模式判断错误；

②抄上全部四个管理模式不得分。

（5）根据资料（3），指出甲公司所选取的平衡计分卡指标中，分别属于财务维度和客户维度的指标有哪些。

①指标没有答全面；

②不理解平衡计分卡四个维度的含义，把相关指标错误归类。

案例分析题二（本题 10 分）

公司是一家从事联网和移动互联智能设备自主研发、制造和销售的公司，其产品广泛应用于工业安防等领域。当前，行业核心技术迭代周期短，同业竞争激烈，为增强竞争能力，提升盈利水平，甲公司强化绩效考评，全面实施关键绩效指标法，并将预算管理与绩效考评紧密结合，有关资料如下：

（1）确定绩效指标体系。工作步骤包括：①基于公司战略，设定经济增加值、经营活动现金净流量、产品销量、客户满意度等公司关键绩效指标。②基于部门职能，确定部门关键绩效指标。为增进部门协同，实施多部门共担公司关键绩效指标机制，例如，将产品销量和客户满意度同时作为销售部和设计部的考核指标，并根据职能差异分别制定两部门细化绩效指标。

（2）开展市场考核。①针对生产部门，引入转移定价，对各车间考核模拟利润，甲公司核心产品，由传感器和数据分析组件等零部件组成，其中：传感器为专属零部件，无法对外销售，且难以获得外部供货，不能取得或预测外部市场价格作为定价指引。②数据分析组件除自供外，已稳定对外销售，目前未满负荷生产：该零部件本季度对外销售平均单价为 375 元/件，单位变动成本为 175 元/件，根据前期产量测算的单位固定成本为 35 元/件。为全面提升产品竞争力，甲公司决定采用分权管理模式，各车间可自主决定零部件采购或销售。

（3）实施预算联动管理，相关做法有：①为确保关键绩效指标与预算方案紧密衔接，授权财务部门根据历史经验，并结合公司战略独立负责预算编制，其他职能部门和分、子公司不参与预算制定。②保障绩效目标实现，并解决预算执行不严问题，决定实施刚性控制，预算经批准后不得调整。

假定不考虑其他因素。

要求：

（1）根据资料（1）中的第①项，指出甲公司哪些绩效指标属于结果类指标。

（2）根据资料（1）中的第②项，指出甲公司选取销售部和设计部两个部门关键绩效指标的方法。

（3）根据资料（2）中的第①项，判断传感器零部件是否可以采用价格型内部转移定价方法，并说明理由。

（4）根据资料（2）中的第②项，如果公司采用协商型内部转移定价方法确定内部转移价格，指出数据分析组件零部件在一般条件下协商定价的取值范围。

（5）根据资料（3），分别判断①～②项预算管理工作是否存在不当之处，对存在不当之处的，分别说明理由。

1. 考核内容和分值

本题考核第二章企业全面预算管理和第七章企业业绩评价，分值10分，其中第二章3分，第七章7分。

2. 主要失分点

（1）根据资料（1）中的第①项，指出甲公司哪些绩效指标属于结果类指标。

①不熟悉结果类指标的内在含义，当试题的表述与教材不完全一致时，没有答题；

②把全部指标都答成结果类指标。

（2）根据资料（1）中的第②项，指出甲公司选取销售部和设计部两个部门关键绩效指标的方法。

①不理解关键指标选取的方法，错误答题；

②三种方法全抄上不给分。

（3）根据资料（2）中的第①项，判断传感器零部件是否可以采用价格型内部转移定价方法，并说明理由。

①做出了正确判断，没有回答理由；

②判断错误，即使理由正确，也全部不给分。

（4）根据资料（2）中的第②项，如果公司采用协商型内部转移定价方法确定内部转移价格，指出数据分析组件零部件在一般条件下协商定价的取值范围。

①取值范围答成"210～375"，虽然上限正确，不能得分；

②没有回答取值范围的，即使答出"175""375"两个数额，也不能得分；

③取值范围没有写出金额单位，不影响得分。用文字和数字描述取值范围，如表述正确可以得分。

（5）根据资料（3），分别判断①～②项预算管理工作是否存在不当之处，对存在不当之处的，分别说明理由。

①做出判断，对存在不当之处的，没有说明理由；

②没有按照资料（3）中的①和②分别判断和分别回答理由，会失分；

③理由说明不正确。

提示：这个试题要求设置了四个得分点，考生应逐项按照①和②分别进行判断和分别回答理由，以免失分。

案例分析题三（本题 15 分）

甲公司是一家以水泥及混凝土生产销售为主业的大型集团企业，在境内组建了区域事业部并在境外设立了多家子公司。为切实提升风险防范能力和管理水平，甲公司于 2022 年 3 月召开了高层会议，讨论公司风险管理与内部控制的有关事宜。会议要点摘录如下：

（1）强化研判，防范重大风险。①公司所处水泥行业对建筑业依赖性较强，与房地产投资关联度较高，在国家坚持"房住不炒"、促进房地产市场平稳健康发展的政策调控下，房地产开发投资增速放缓。②某原材料在公司产品生产成本中占比较高，而该原材料价格受全球供需关系紧张的影响，未来一段时期可能持续上涨。面对新形势新挑战，公司要以全面风险管理为抓手，采取适当的控制措施防范化解重大风险，促进实现公司战略目标。

（2）优化公司治理，健全风控机制。以控股股东利益最大化为目标，进一步优化公司治理结构，强化董事会及其专业委员会、监事会的职责，完善管理层约束激励机制，夯实全集团内部治理根基。在此基础上，完善风险管理组织体系，建立健全风险管理三道防线，经理层对风险管理和内部控制有效性承担最终责任，确保风险管理责任逐级落实到位。

（3）统一风控理念，培育风险文化。通过会议传达、举办培训、编发宣传画册等多种形式，在全集团范围内培育全面风险管理价值观，形成稳健经营的风险文化。在统一风险管理理念和确定整体风险容忍度指标的基础上，合理确定各职能部门或业务单位的风险敞口，所有职能部门和业务单位的风险叠加调整后不得超出公司整体风险容忍度。

（4）丰富管理工具，优化应对策略。根据公司设定的净资产收益率目标和识别的内外部风险，按照风险发生的可能性和影响程度绘制风险矩阵坐标图，确定风险等级。按照年初风险管理部门量化测试的风险分析结果，拟定针对重大和重要风险的应对策略。①针对"双碳"背景下的外部环保监管要求，特批新增绿色低碳环保专项经费，用于碳减排技改项目。②主动化解过剩产能，清理关闭污染排放较高的生产线。③积极应对各国货币政策不确定性增加等影响，利用远期工具管理海外项目利率波动风险。

（5）组织风控评价，监督整改落实。计划于 2022 年第四季度开展风险管理与内部控制评价工作，考虑到境外差旅受限等因素影响，境外子公司不纳入本次评价工作范围。对评价中发现的重大问题，督促责任单位严肃整改，整改情况纳入绩效考评范围。

假定不考虑其他因素。

要求：

根据《企业内部控制基本规范》及其配套指引和企业风险管理相关要求，回答下列问题：

（1）根据资料（1），逐项指出①～②项中甲公司面临的主要风险。

（2）判断资料（2）中是否存在不当之处；对存在不当之处的，逐项指出不当之处并分别说明理由。

（3）判断资料（3）中是否存在不当之处；对存在不当之处的，逐项指出不当之处并分别说明理由。

（4）根据资料（4），逐项指出①～③项中甲公司针对重大和重要风险所采取的应对策略类型。

（5）判断资料（5）中是否存在不当之处；对存在不当之处的，逐项指出不当之处并分别说明理由。

1. 考核内容与分值

本题考核第三章企业风险管理与内部控制，分值15分，其中风险管理12分，内部控制3分。

2. 主要失分点

（1）根据资料（1），逐项指出①～②项中甲公司面临的主要风险。

①教材上没有找到相应的答案，没有答题；

②对主要风险的描述与标准答案不一致或者过于简单；

③没有分别①和②回答主要风险，评卷时无法判断风险的归属，无法给分或者造成漏评失分。

（2）判断资料（2）是否存在不当之处；对存在不当之处的，逐项指出不当之处并分别说明理由。

①只答出一个不当之处和理由说明；

②只作出了判断和理由，没有指出不当之处，失去相应得分点；

③按照自己的理解做出理由说明，但理由说明不正确。

提示：正确的答题逻辑是，每个不当之处都要先作出判断，接着指出不当之处，最后作出理由说明，不要几个不当之处放在一起回答。

（3）判断资料（3）中是否存在不当之处；对存在不当之处的，逐项指出不当之处并分别说明理由。

判断错误，失去本题分值。

（4）根据资料（4），逐项指出①～③项中甲公司针对重大和重要风险所采取的应对策略类型。

①没有作出正确的类型判断；

②没有标明相应题号的对策类型，无法判断应对策略类型的对应题号，无法给分；

③策略类型判断正确，但所标题号与试题对应题号不一致，视为答案错误。

（5）判断资料（5）中是否存在不当之处；对存在不当之处的，逐项指出不当之处并分别说明理由。

① 多判断一个不当之处，并说明了理由，不影响得分；

② 只作出了判断和理由，没有指出不当之处，失去相应得分点。

案例分析题四（本题 15 分）

甲公司是一家从事磷酸铁锂电池生产销售的集团企业，围绕电池产品开展多元化经营，在电池行业处于领先地位。为把握"双碳"背景下的发展机遇，增强核心竞争力，甲公司以"稀缺资源＋创新技术"为抓手，决定 2022 年加大境外直接投资与技术创新投资，进一步加强财务风险控制，提升集团资金配置效率。有关资料如下：

（1）投资公司立足磷酸铁锂电池产品延伸产业链，原材料磷的稳定供应对甲公司发展至关重要。"一带一路"沿线 A 国拥有储量丰富的磷矿资源，甲公司计划收购 A 国从事磷矿开采加工的企业，向产业链上游扩展。但是，近些年，A 国经济增长存在较高的不确定性，A 国货币对人民币的比价波动较大，甲公司境外直接投资面临的外汇风险加剧。

（2）技术新投资铁锂产品创新，甲公司投资技术项目，项目投资期 5 年，以项目资本成本作为折现率，采用净现值法进行财务可行性评价。部分现金流量情况如下：① 已发生项目可行性论证调研费 100 万元。② 项目投资总额 2 000 万元。③ 项目投资需增加营运资本 2 000 万元。④ 项目实施会占用公司原有一处闲置厂房，该厂房对外出租的市场价格为 100 万元/年，公司未来 5 年没有对外出租计划。⑤ 项目实施之后，预计生产磷酸铁锂电池产品的付现成本每年降低 8 000 万元。⑥ 项目实施之后，预计公司另一款同类产品钴酸锂电池销量下降，导致每年销售收入减少 1 000 万元。⑦ 项目实施之后，每年支付项目的债务融资利息 300 万元。⑧ 项目终了时，投资项目资产残值可收回 500 万元。

（3）财务风险控制，甲公司有一家上市子公司资产负债率高达 90.5%。为降低资产负债率过高所带来的财务风险，子公司财务总监建议采取如下措施：① 与债权人谈判，将 2022 年底前到期的债务转换为股权。② 将现有股利支付率从 10% 提升至 12%；在公开市场上回购并注销股票 2 000 万股。

（4）集团资金配置。甲公司整体资产负债率长期保持在 72% ~ 76%，2021 年并表核算的成员单位净资产率为 27%。同时，集团子公司内部结算较为繁杂，甲公司整体资金利用效率较低，部分下属公司资金闲置严重，甲公司考虑 2022 年设立集团财务公司，以提高集团资金利用效率。财务公司拟开展同业拆借、为集团成员单位办理委托贷款、为外部供应商的资产采购办理贷款服务等业务。

假定不考虑其他因素。

要求：

（1）根据资料（1），指出甲公司开展境外直接投资的动机；针对该境外直接投资的外汇风险，指出甲公司应采取的风险控制措施。

（2）根据资料（2），逐项指出①～⑧项现金流量是否需在项目投资评价中作为相关的现金流量加以考虑。

（3）根据材料（3），逐项指出子公司财务总监提出的措施①～③项是否恰当；如不恰当，分别说明理由。

（4）根据资料（4），指出公司设立财务公司是否符合条件；如不符合，说明理由。

（5）根据资料（4），指出公司设立财务公司计划开展的业务是否存在不当之处；对存在不当之处的，说明理由。

1. 考试内容和分值

本题考核第四章企业投融资决策和集团资金管理，分值15分。

2. 主要失分点

（1）根据资料（1），指出甲公司开展境外直接投资的动机；针对该境外直接投资的外汇风险，指出甲公司应采取的风险控制措施。

①动机选择错误或者动机多答，一律不给分；

②风险控制措施不全面，不给分。

（2）根据资料（2），逐项指出①～⑧项现金流量是否需在项目投资评价中作为相关的现金流量加以考虑。

①相关现金流量选择错误；

②笼统答题如"②～⑧为相关现金流量"，即使其中有些判断正确的，全部不得分。

提示：应就①～⑧，每项逐一做出判断。

（3）根据材料（3），逐项指出子公司财务总监提出的措施①～③项是否恰当；如不恰当，分别说明理由。

①考生没有做出判断，直接说明理由，失去判断分；

②对题中拟采取的措施，内涵不理解，不能正确说明理由。

（4）根据资料（4），指出公司设立财务公司是否符合条件；如不符合，说明理由。

①理由表述不完整；

②没有做出判断，说明了理由且理由正确，会失去判断分。

（5）根据资料（4），指出公司设立财务公司计划开展的业务是否存在不当之处；对存在不当之处的，说明理由。

①没有找出全部的不当之处；

②不按照试题要求，答题时指出了不当之处的，不影响得分。

提示：严格按照试题要求答题，以免因为多写（抄）内容耽误时间。

案例分析题五（本题10分）

甲公司是一家主营煤炭开采、洗选和加工业务的国有煤炭上市公司，生产A、B、C三种产品，该公司生产环节引发的环境问题主要涉及污水废气排放、固体废弃物产生和采矿区地表塌陷等。甲公司将应对上述环境问题发生的成本归集为直接环境成本和间接环境成本。长期以来，甲公司采用传统成本法核算间接环境成本，即将间接环境成本按用产量分配到不同产品成本中，随着我国低碳经济、绿色生产理念的普及，甲公司间接环境成本在产品成本中的比重逐年升高，通过传统成本法核算间接环境成本已不能适应"绿色化"战略转型的需要，甲公司决定采用作业成本法提高间接环境成本核算的准确性。相关资料如下：

（1）2021 年甲公司煤炭产量 2 000 万吨，其中 A 产品 1 740 万吨、B 产品 160 万吨、C 产品 100 万吨，2021 年甲公司发生间接环境成本 40 000 万元，其中污水治理费 9 600 万元、废气治理费 7 000 万元、固体废弃物处理费 6 400 万元、采矿区地表塌陷治理费 17 000 万元。

（2）根据"作业消耗资源、产出消耗作业"的原则，甲公司采用作业成本法分配 2021 年间接环境成本，其成本分配相关信息如下表所示。

作业成本库	消耗资源（万元）	成本动因	作业量					成因分配率
			单位	A 产品	B 产品	C 产品	合计	
污水治理成本库	9 600	污水治理量	吨	5 000	9 000	18 000	32 000	0.3
废气治理成本库	7 000	废气治理量	吨	4 400	4 600	5 000	14 000	0.5
固体废弃物治理成本库	6 400	固体废弃物处理量	吨	208 000	64 000	48 000	320 000	0.02
采矿区地表塌陷治理成本库	17 000	塌陷面积	平方米	4 500	300	200	5 000	3.4

（3）为进一步减少环境污染，加强环境成本管控，甲公司拟采取以下三项措施：①在生产过程中，使用清洁能源和先进的生产技术，减少污水、废气的排放以及固体废弃物的产生。②将煤矸石等固体废弃物达标处理后，用于填充采矿区地表塌陷区域，实现对固体废弃物的充分利用。③改变"先污染、后治理"的传统模式，委托专业机构在煤炭开采前进行环境分析，提出经济和环保效益协调发展的建议。

假定不考虑其他因素。

要求：

（1）根据资料（1）、（2），分别采用传统成本法和作业成本法，计算 2021 年应分配至 A 产品的间接环境成本，并指出采用作业成本法分配间接环境成本比传统成本法更加准确的原因。

（2）根据资料（1）、（2），分析作业成本法下，A、B、C 三种产品中哪种产品应作为甲公司污水治理成本管理的重点并说明理由。

（3）根据资料（3），从环境成本控制角度，分别指出①～③项措施发生的成本所体现的环境成本类型。

1. 考试内容与分值

本题考核第五章企业成本管理，分值 10 分。

2. 主要失分点

（1）根据资料（1）、（2），分别采用传统成本法和作业成本法，计算 2021 年应分配至 A 产品的间接环境成本，并指出采用作业成本法分配间接环境成本比传统成本法更加准确的原因。

①计算结果错误；

②列示计算过程的，即使过程正确，如果结果错误，不能得分；

③本题教材中没有明确的答案，考生原因说明不全面、不正确，失分较多。

提示：计算指标不用列示计算过程，计算结果可以不用带金额单位。

（2）根据资料（1）、（2），分析作业成本法下，A、B、C 三种产品中哪种产品应作为甲公司污水治理成本管理的重点并说明理由。

①错误选择产品种类，理由说明正确也不能得分；

②理由表达不全面，不能得分。

（3）根据资料（3），从环境成本控制角度，分别指出①～③项措施发生的成本所体现的环境成本类型。

本小题比较容易从教材中找到答案点，考生失分不多。

案例分析题六（本题 10 分）

甲公司是一家专注于乳制品研发和生产的上市公司，在西南地区具有较高的市场认可度。为实现快速发展，甲公司拟实施积极的并购战略。相关资料如下：

（1）并购背景。我国乳制品行业的增长空间巨大，行业新黄金十年正在启航，特别是 2020 年以来，国家有关部门陆续出台相关支持性政策，将乳制品作为主要的营养食品予以推荐。因此，抓住机遇形成规模优势是甲公司的战略选择，甲公司希望通过并购快速响应政策利好，进一步拓宽低温奶生产基地，扩大低温奶市场份额，将公司影响力从目前的西南地区向其他地区辐射，增强竞争力。

（2）并购对象的选择与并购协同效应。乙公司地处奶牛养殖的黄金地带 N 省，主要生产常温奶和低温奶，近年来营业收入保持稳步增长，但资产周转率明显低于行业平均水平。甲公司拟选择乙公司为并购对象，经友好协商，双方就甲公司收购乙公司 100% 股权达成一致。并购后，乙公司将成为甲公司的全资子公司。预计此项并购可以发挥以下协同效应：①并购后乙公司的奶源、技术和区域市场渠道等优势有助于甲公司优化产业布局，增强规模经济效应，强化市场力和竞争力，向行业头部企业趋近。②甲公司先进的乳制品管理经验可以快速推广至乙公司，有助于提高乙公司的运营效率。

（3）并购价值评估。第三方独立评估机构采用收益法进行并购估值，收益口径为公司自由现金流量，评估基准日乙公司的评估价值为 18.8 亿元。甲、乙公司协商确定的并购价格为 24 亿元。并购前甲公司的评估价值为 263 亿元，若并购成功，两家公司经过整合后的整体价值预计将达到 298 亿元。并购过程中的审计费、评估费等并购费用合计 0.3 亿元，全部由甲公司承担。

（4）并购支付方式。甲公司和乙公司协商一致，分两阶段完成并购价款支付；并购协议生效后 5 个工作日内，甲公司以现金支付并购对价的 60%；剩余 40% 的价款于协议生效后 180 天内以现金支付。甲公司的自有资金可以满足第一阶段支付需求，第二阶段的支付需靠外部融资解决。甲公司计划发行可转换债券筹集第二阶段所需资金，投资部经理认为可转换债券是较为稳定的长期资本供给，受股价波动影响较小。

假定不考虑其他因素。

要求：

（1）根据资料（1），从企业发展动机的角度，指出甲公司拟实施并购的主要动因有哪些。

（2）根据资料（2），从并购公司并购后双方法人地位的变化角度指出甲公司并购乙公司的并购类型，并逐项指出①～②项所体现的并购协同效应类型。

（3）根据资料（3），计算甲公司并购乙公司并购收益、并购溢价和并购净收益，并从财务角度分析此项并购是否可行。

（4）根据资料（4），指出甲公司投资部经理的观点是否存在不当之处；对存在不当之处的，说明理由。

1. 考试内容和分值

本题考核第六章企业并购，分值 10 分。

2. 主要失分点

（1）根据资料（1），从企业发展动机的角度，指出甲公司拟实施并购的主要动因有哪些。

①与标准答案不一致，并购动因选择错误；

②并购动因选择多于标准答案，不给分。

（2）根据资料（2），从并购公司并购意愿和并购后双方法人地位的变化角度分别指出甲公司并购乙公司的并购类型，并逐项指出①～②项所体现的并购协同效应类型。

①并购类型只答出一个，失去一半分值；

②协同效应所答多出标准答案的，不给分。

（3）根据资料（3），计算甲公司并购乙公司的并购收益、并购溢价和并购净收益，并从财务角度分析此项并购是否可行。

①一个指标计算结果错误，导致其他指标错误的，均不给分；

②没有分析方案可行原因，只判断是否可行，不给分。

提示：应当根据计算结果，文字叙述作出判断的理由，文字叙述涉及金额数据的一定要说清金额单位。

（4）根据资料（4），指出甲公司投资部经理的观点是否存在不当之处；对存在不当之处的，说明理由。

①因看成债权融资，回答了理由，不能得分；

②理由说明正确，没有作出观点判断的，失去判断分。

案例分析题七 （本题10分）

甲公司是一家大型集团企业，主营业务涉及装备制造、房地产等多个领域，拥有千余家分、子公司。在经济增速整体放缓的大背景下，甲公司自身管理效率不高、集团管控能力不足等问题愈加凸显。为此甲公司拟通过建设财务共享服务中心来提升集团化管控能力和水平，2022年初，甲公司召开财务共享服务中心建设专题会。部分参会人员发言要点摘录如下：

（1）IT部门负责人：公司各职能部门及分、子公司建有众多信息系统，但各系统之间缺乏交互，"数据孤岛"现象严重。共享服务本质就是建立一套互联互通的信息系统架构。建设财务共享服务信息系统，不仅要集成内部信息系统，还应尽可能实现与银行、税务等外部信息系统的对接。

（2）财务部门负责人：信息系统是财务共享服务实施的载体，包括网上报账系统、会计核算系统、影像系统等核心子系统。网上报账系统的建设，应基于电子影像系统的应用，开发移动端报账App，各级管理人员可以随时随地查看单据的电子影像并进行审批，相关人员可以实时追踪和查询报账进程。

（3）总会计师：在数字经济时代，数字化转型是大势所趋，实施财务共享服务是推动财务数字化转型的有效路径。公司建设财务共享服务中心，应重点关注以下几点：①财务共享服务不仅应实现提高效率、降低成本、强化集团管控的目标，还应通过大数据、人工智能等新兴技术深度挖掘数据价值，大力推进公司数字化转型。②标准化体系建设是财务共享服务实施的基础，应重新梳理、优化业务流程，实现流程、表单、会计科目、报表的标准化。③财务共享服务中心运营初期，按照内部模拟市场的方式，制定服务标准和收费标准，向分、子公司收取一定的服务费用；财务共享服务中心进入运营成熟期后，鼓励"独立自主、自负盈亏"，以独立法人形式向企业内外部提供服务并按市场化标准收取费用。

假定不考虑其他因素。

要求：

（1）根据资料（1），指出甲公司IT部门负责人关于共享服务本质的认识是否恰当；如不恰当，说明理由。

（2）根据资料（2），指出甲公司财务部门负责人的发言体现了网上报账系统的哪些价值。

（3）根据资料（3），分别指出甲公司总会计师发言中的①～③项体现出传统财务共享服务建设的哪些核心要素。

（4）根据资料（3）中的第③项，按财务共享服务中心的运作模式划分，分别指出甲公司财务共享服务中心在运营初期和成熟期拟采用的运作模式。

1. 考核内容和分值

本题考核第八章企业财务共享服务，分值 10 分。

2. 主要失分点

（1）根据资料（1），指出甲公司 IT 部门负责人关于共享服务本质的认识是否恰当；如不恰当，说明理由。

①判断正确，没有回答理由；

②理由说明不正确，此小题考生失分较多。

（2）根据资料（2），指出甲公司财务部门负责人的发言体现了网上报账系统的哪些价值。

考生均能从教材上找到答案，考生失分不多。

（3）根据资料（3），分别指出甲公司总会计师发言中的①～③项体现出传统财务共享服务建设的哪些核心要素。

①核心要素选择错误；

②核心要素回答多于标准答案，不给分。

（4）根据资料（3）中的第③项，按财务共享服务中心的运作模式划分，分别指出甲公司财务共享服务中心在运营初期和成熟期拟采用的运作模式。

非常容易从教材上寻找答案，考生失分不多。

二、**案例分析题选答题**（案例分析题八、案例分析题九为选答题，考生应选其中一题作答，本类题 20 分。凡要求计算的，可不列出计算过程；计算结果出现两位以上小数的，均四舍五入保留小数点后两位小数，百分比只保留百分号前两位小数。凡要求分析、说明理由的，必须有相关的文字阐述。请在指定答题区域内作答）

案例分析题八（本题 20 分，本题为选答题，在案例分析题八、案例分析题九中应选一题作答）

甲单位为一家中央级事业单位，乙单位、丙单位、丁单位为甲单位的下属事业单位，均已执行政府会计准则制度。2022 年 4 月，甲单位总会计师组织召开由本单位及下属乙、丙、丁 3 家单位财务、审计、采购、资产管理等部门负责人参加的工作会议，针对本单位与下属单位预算管理、资产管理、会计核算等方面工作进行沟通和讨论。部分参会人员发言要点如下：

（1）甲单位财务部门负责人：甲单位要切实落实"过紧日子"要求，盘活存量，降低结转结余资金规模，强化绩效导向，持续提升预算资金效益。建议：①作为预算管理一体化试点单位，应按照预算管理一体化建设要求，将预算项目作为预算管理的基本单元，全部预算支出以预算项目形式纳入项目库，进行全生命周期管理。②加强项目支出结转资金管理，如果项目支出结转资金2021年决算批复数与2022年预算批复数不一致的，应以2021年决算批复数作为结转资金执行依据。③加强预算绩效管理，不断健全"预算编制有目标、预算执行有监控、预算完成有评价、评价结果有反馈、反馈结果有应用"的全过程预算绩效管理机制。

（2）乙单位采购部门负责人：乙单位的政府采购预算中，有多个预算金额在1 000万元以上的货物采购项目，且项目内容复杂，需妥善做好此类项目的采购工作。建议：①加强政府采购需求管理，认真开展需求调查，了解相关产业发展、市场供给、同类采购项目历史成交信息，可能涉及的运行维护、升级更新、备品备件、耗材等后续采购，以及其他相关情况。②加强政府采购招标管理，成立的评标委员会均要由采购人代表和评审专家组成，且成员人数应当为5人以上单数，评审专家不得少于成员总数的2/3。

（3）丙单位资产管理部门负责人：丙单位于2021年经批准整体划转至甲单位，为国家设立的研究开发机构。近期，丙单位拟将本单位持有的M科技成果有偿转让给国有全资企业A公司，并要求资产管理部门负责制定方案。建议：①确定转让价格前，必须委托具有资产评估资质的资产评估机构对M科技成果进行资产评估。②通过协议定价方式确定的M科技成果拟交易价格，无需在本单位进行公示。③经丙单位领导班子研究确定的M科技成果转让方案，必须报上级有关部门审批或备案后方可实施。

（4）甲单位审计部门负责人：甲单位委托第三方机构对乙、丙、丁单位2021年会计核算情况进行审计时，发现：①乙单位收到国有全资企业B公司根据协议约定购入并当即无偿捐赠的一批防疫物资，同时支付了应由乙单位承担的该批防疫物资的运输费用。据此，乙单位将支付的运输费用，在财务会计中计入当期费用，在预算会计中未做处理。②丙单位经批准处置一台尚未达到规定使用年限但因不可抗力造成毁损的设备，取得了资产处置收入并存入银行。据此，丙单位将取得的资产处置款，在财务会计中计入当期收入，在预算会计中计入当期预算收入。③丁单位年初因开展专业业务活动使用非财政资金购入一批材料，材料已于购入当月被全部领用。由于使用过程中发现部分材料存在质量缺陷，经与供应商协商，丁单位于材料购入次月收到该供应商退回的部分货款并存入银行。据此，丁单位将收到的货款在财务会计中计入当期收入，在预算会计中计入当期预算收入。

假定不考虑税费和其他因素。

根据国家部门预算管理、预算绩效管理、政府采购、国有资产管理、内部控制、政府会计准则要求等有关规定，回答下列问题：

（1）根据资料（1），分别判断甲单位财务部门负责人建议①~③会计处理是否存在不当之处；对存在不当之处的，分别说明理由。

（2）根据资料（2），分别判断乙单位采购部门负责人建议①~②是否存在不当之处；对存在不当之处的，分别说明理由。

（3）根据资料（3），分别判断丙单位资产管理部门负责人建议①～③是否存在不当之处；对存在不当之处的，分别说明理由。

（4）根据资料（4），分别判断业务①～③的会计处理是否存在不当之处；对存在不当之处的，分别说明正确的会计处理。

1. 考试内容和分值

本题考核第九章政府会计及预算管理，分值 20 分。

2. 主要失分点

（1）根据资料（1），分别判断甲单位财务部门负责人建议①～③会计处理是否存在不当之处；对存在不当之处的，分别说明理由。

①对题目中②判断失误较多；

②其他教材中有明确的答案，得分率较高。

（2）根据资料（2），分别判断乙单位采购部门负责人建议①～②是否存在不当之处；对存在不当之处的，分别说明理由。

本小题是以往年度考核较多的知识点，教材答案非常明确，得分率较高。

（3）根据资料（3），分别判断丙单位资产管理部门负责人建议①～③是否存在不当之处；对存在不当之处的，分别说明理由。

考生答题比较完美，失分不多。

（4）根据资料（4），分别判断业务①～③的会计处理是否存在不当之处；对存在不当之处的，分别说明正确的会计处理。

①考生对于政府会计业务处理不熟悉，错误率较高；

②没有对财务会计和政府会计分别作出判断并说明正确的会计处理。

案例分析题九（本题 20 分）

甲公司是一家在深圳证券交易所上市的民营企业，主营建筑施工和房屋装修业务。受宏观政策调整等因素影响，近两年甲公司收入与利润增长放缓。为进一步促进公司持续健康发展，甲公司在既定公司战略框架下，采取了一系列积极措施，最大限度地消除收入与利润增长放缓的不利影响。有关资料如下：

（1）进行股票投资。

2021 年 5 月，甲公司投资部门分析认为，运动休闲行业前景看好，该行业境内上市的 A 公司股票价格处在历史低位，具有较好投资价值。2021 年 5 月 18 日，甲公司按照公司投资审批程序，通过深圳股票交易系统首次购入 A 公司股票 100 万股，平均成交价格 50 元/股，另发生与之相关的交易费用 20 万元，购入 A 公司股票后，甲公司对 A 公司不能实施控制、共同控制，也不具备重大影响。甲公司计划根据市场情况随时出售所持有的 A 公司股票，围绕该投资应如何进行会计处理的问题，财务人员李某、赵某和张某展开了如下讨论：

①李某建议，初始投资分类为以公允价值计量且其变动计入当期损益的金融资产，以成交价 5 000 万元作为初始入账金额，并将 20 万元交易费用计入当期损益。

②赵某建议，初始投资分类为以公允价值计量且其变动计入其他综合收益的金融资产，以成交价格加上交易费用后的金额 5 020 万元作为初始入账金额。

③张某建议，初始投资分类为以摊余成本计量的金融资产，以成交价格加上交易费用后的金额 5 020 万元作为初始入账金额。以后如有必要，再对该金融资产进行重分类。

（2）转让金融资产。

①2021 年 6 月 30 日，甲公司将其于 2020 年 12 月 12 日购入并一直持有 B 公司债券，以 1 230 万元的价格转让给乙公司，转让时该债券的账面价值为 1 210 万元。同时。甲公司与乙公司签订回购协议约定 12 月 31 日以 1 250 万元的价格回购该债券。该债券到期日为 2025 年 1 月 1 日，甲公司于 2021 年 6 月 30 日终止确认该金融资产并确认投资收益 20 万元。

②2021 年 8 月 5 日，甲公司将对丙公司的应收账款出售给 C 银行，取得价款 700 万元：当日，该应收账款余额为 1 000 万元，未计提减值准备。双方约定，如果该应收账款到期无法收回，C 银行不能向甲公司追偿。甲公司于 2021 年 8 月 5 日终止确认了该应收账款，并确认转让损失 300 万元。

（3）开展套期保值。

甲公司的记账本位币为人民币。2021 年 10 月 15 日，甲公司对境外某工程项目进行结算，金额 100 万美元，按合同约定，该笔结算款于 6 个月后收取。甲公司将该应收账款于 2021 年 10 月 15 日初始确认并以摊成本计量。为防范美元贬值风险，甲公司按照套期保值操作要求，实施了套期保值方案：2021 年 10 月 15 日购买了一份期限为 6 个月的 100 万美元看跌期权，合同约定汇率为 1 美元 = 6.40 元人民币。甲公司将该期权合约指定为上述应收账款的套期工具，且该套期关系符合运用套期会计的条件。

（4）实施股权激励。

甲公司符合实施股权激励的条件，并拟于 2021 年 11 月实施股权激励计划。2021 年 11 月 9 日，甲公司的股票交易均价为 50 元/股，公司股份总数为 10 000 万股。甲公司拟于 2021 年 11 月 10 日公布股权激励计划草案，激励方式为股票期权，授予日为 2021 年 12 月 15 日，该计划草案中的部分条款如下：

①激励对象包括甲公司董事（不含独立董事）、监事、高级管理人员和核心技术人员，共计 600 人。

②授予的股票期权人均 2 万份。

③每份期权行权时可以按照 30 元/股的价格购买 1 股甲公司普通股股票。

④激励对象可以自 2024 年 1 月 15 日开始行权。

（5）计提减值准备。

丁公司是甲公司的主要客户，长期以来经营状况一直表现良好，但 2021 年丁公司资金周转遇到严重困难，导致较多的到期债务违约。截至 2021 年 12 月 31 日，甲公司对丁公司的应收账款账面余额为 30 000 万元、合同资产账面余额为 5 000 万元，部分应收账款已经逾期。甲公司对丁公司的应收账款和合同资产均不存在重大融资成分。甲公司在 2021 年末计提资产减值准备时，对丁公司应收账款采用未来 12 个月内预期信用损失的金额计量其损失准备，对丁公司合同资产采用相当于整个存续期内预期信用损失的金额计量其损失准备。

假定不考虑税费和其他因素。

要求：

（1）根据资料（1），分别指出李某、赵某和张某对会计处理的建议是否恰当；如不恰当，分别说明理由。

（2）根据资料（2），分别指出甲公司①～②的会计处理是否正确；如不正确，分别说明理由。

（3）根据资料（3），指出甲公司购买看跌期权合约进行套期保值的方式是否恰当；如不恰当，说明理由。

（4）根据资料（4），逐项判断甲公司股权激励计划草案中①～④条款是否存在不当之处；对存在不当之处的，分别说明理由。

（5）根据资料（5），分别指出甲公司对丁公司应收账款和合同资产计量损失准备的方法是否正确；如不正确，分别说明理由。

1. 考试内容和分值

本章考核第十章金融工具会计，分值 20 分。

2. 主要失分点

（1）根据资料（1），分别指出李某、赵某和张某对会计处理的建议是否恰当；如不恰当，分别说明理由。

①对李某的观点判断都正确，但理由说明比较乱；

②对赵某和李某的观点判断和理由说明答题问题突出，很多考生不知如何回答，失分较多。

③许多考生复习不到位，没有回答此小题。

（2）根据资料（2），分别指出甲公司①～②的会计处理是否正确；如不正确，分别说明理由。

①判断无误，理由说明不全面，不得分；

②应收账款的业务处理，均能做出正确判断，失分不多。

（3）根据资料（3），指出甲公司购买看跌期权合约进行套期保值的方式是否恰当；如不恰当，说明理由。

①本题理解难度较大，不能作答；

②判断错误的较多，失分较多。

（4）根据资料（4），逐项判断甲公司股权激励计划草案中①～④条款是否存在不当之处；对存在不当之处的，分别说明理由。

此题为多次考核过的知识点，考生失分不多。

（5）根据资料（5），分别指出甲公司对丁公司应收账款和合同资产计量损失准备的方法是否正确；如不正确，分别说明理由。

①不理解教材内容，放弃答题；

②没有逐项判断，笼统答题，不能得分。

2023 年度高级会计资格
《高级会计实务》全真模拟试题（一）

案例分析题一（本题 10 分）

甲公司是一家较早成立的中国本土手机制造商，公司成立以来，一直着力为用户提供优质的以手机为核心的多品牌智能终端，并基于自主研发的智能终端操作系统和流量入口，为用户提供移动互联网服务。然而中国的手机市场竞争激烈，苹果、三星、小米、联想等品牌手机都在争抢这个市场；除此之外，中国新兴的本土品牌手机异军突起，都想分一杯羹。

为此，公司做了一个重要的战略部署，它的产品——传音手机不在中国销售，不在欧洲和美国销售，而是专供非洲大陆。由于非洲大陆购买力并不高，像苹果、三星这样的国际大品牌，几乎都没把非洲当作主要市场。而且，这些大的手机生产厂商在非洲出售的产品基本上不会针对非洲人专门开发一些功能和服务。甲公司通过深入调研，了解到很多非洲人的生活、消费习惯，并针对这些习惯开发相应的功能，其中智能美黑、四卡四待和手机低音炮是传音手机风靡非洲的三大利器。首先，由于大部分非洲人的肤色较深，夜晚手机较难分辨。为了解决这个问题，公司专门打造了基于眼睛和牙齿来定位人脸的功能和"智能美黑"功能，不仅能清晰地拍出非洲人的样貌，还能智能调节肤色，获得非洲朋友的一致好评。其次，非洲的移动运营商很多，而且竞争非常激烈，各运营商之间的通话费用很高，但是非洲办理电话卡的费用很低，因此，很多非洲人都有好几张手机卡，双卡双待也满足不了非洲人的需求，甲公司直接推出了四卡四待的手机，这样非洲人就不用频繁地更换手机卡了。最后，公司开发了一款手机拥有 8 个扬声器，支持环绕立体声。大多数非洲人能歌善舞，因此随时播放音乐对他们来说非常重要，那些传统手机大厂的手机的音量不够大。

与此同时，甲公司在营销方面也是煞费苦心，无论是农村还是贫民窟，到处都可以看到传音手机的广告。公司还在线下大范围地开设零售店，让非洲同胞随处都可以买到公司产品。整体来说，甲公司产品虽然不像我们国内的智能手机产品这样好，功能也没有那么多，但是凭借独特的产品定位和营销方式，使得其非常适合非洲同胞的需求。甲公司在非洲当地实现了业务的快速发展。

要求:

1. 请简要分析甲公司的产品在国内面临的行业竞争程度。

2. 分析甲公司选择了何种公司战略(要求细化),从而取得快速发展?

3. 从案例中,可以反映出甲公司在哪些方面具有较强的企业能力?

4. 从资本筹措与使用角度,判断甲公司应采用何种财务战略,并简要评价该战略的优缺点。

案例分析题二 (本题 10 分)

甲公司是一家国内知名的家居行业个性化定制产品综合服务提供商,依托其领先的家居产品设计软件开发和信息化整体解决方案提供能力,公司取得了超常发展。前几年,公司管理层基于对本行业未来发展趋势的判断,重新修订了公司的发展战略,将业务发展重点从最赚钱的定制家居、配套家居产品的生产与销售业务,逐渐转向整装业务,并利用其领先的 IT 技术平台,整合供应链体系和行业资源。同时,公司管理层在商业模式选择上坚持了 O2O (线上线下协同) 和自营模式,拒绝了"短平快"的加盟商模式。

但近几年由于新冠肺炎疫情的持续发酵,叠加房地产行业景气度的持续下降,家居行业和家装行业也进入了"寒冬"。公司由于坚持了自营模式,线下门店经营受到的冲击尤其严重。公司的业绩经历了断崖式下跌。公司相关财务数据如下表所示:

甲公司相关财务数据　　　　　　　　　　　　金额单位:亿元

项目	2020 年	2021 年	2022 年预计	同比增减 (%)	预算完成度 (%)
营业收入	65.13	73.10	53.23	-27.18	48
净利润	1.01	0.90	-0.31	-134.16	35
经营现金净流量	1.32	5.39	-1.11	-121	-300
净资产收益率 (%)	2.90	2.53	-0.84		
资产负债率 (%)	43.82	55.22	54.79		

2022 年第三季度刚结束,公司管理层召开了年度预算执行情况分析总结会,并对 2023 年的预算和绩效考评指标编制进行了动员。财务部门根据 2022 年前三季度的实际财务数据,并结合当前发展趋势,得出全年预计业绩数据,并计算出了同比增减百分比和全年预算预计完成度等相关数据。

与会成员对以下几个议题展开了激烈讨论:(1) 公司预算编制的原则和方法是否需要改进优化。(2) 自营模式带来的业绩和现金流冲击远超预期,是否需要大幅度缩减自营,大力拓展加盟模式;在业绩未见大幅改善、资金承压的情形下,明年是否应该投资位于西部的生产基地，以实现补短板和区域协同布局。（3）绩效考评的目标值应该选择何种标准比较合适。（4）导入平衡计分卡绩效管理模式，增加非财务评价指标比重是否必要。

虽然大家观点不一，但经过充分沟通，管理层最终决定还是坚持原有的发展战略和商业模式不动摇，但在具体经营管理措施，以及预算和绩效考评方法上做了进一步优化调整。

要求：

1. 从公司 2022 年度预算执行情况看，主要存在哪些特征或问题。

2. 公司在编制 2023 年度预算时是否应该为了短期业绩和资源限制，改变商业模式，并取消基地投资计划，请说明理由。

3. 绩效考评的目标值确定有哪些标准，公司该如何选择，请说明理由。

4. 试阐述平衡计分卡的基本理念和框架，并说明实施平衡计分卡应注意的基本原则。

案例分析题三 （本题 15 分）

甲公司是一家上交所科创板上市公司，作为一家拥有领先水平的生物药、化学药一站式医药研发及生产外包服务提供商，公司始终秉持"科技为本，技术为先"的发展理念，致力于持续赋能全球医药健康产业创新策源。为了防范风险，加强内部控制，甲公司采取了如下做法：

（1）甲公司严格按照《公司法》《证券法》《上市公司治理准则》等法律法规、规范性文件要求，制定了符合公司发展要求的各项规章制度，明确股东大会、董事会、监事会各项议事规则，不断完善公司法人治理结构和内部控制体系，规范运作，制定并实施合理的利润分配方案，以确保实现股东利益最大化的公司治理目标。

（2）甲公司面对复杂的国际国内经营环境，通过利用外部专业咨询机构的资源，获取本行业的风险组合清单，结合头脑风暴方法识别出本企业面临下列风险：

①境外政治政策变动风险。为更好服务全球客户，公司于境外设立子公司，负责业务拓展、药物研发等职能，如果未来海外客户或境外子公司所在国家或地区的政治环境、经济政策发生不利变化，将会对公司的经营产生不利影响。

②汇率变动风险。公司的业务收入主要来源于境外客户，业务主要以美元或欧元结算，且公司持有部分境外资产，因此汇率的变动将对公司的业绩造成较大影响。

③产品销售风险。甲公司向客户出售中成药主要采用长期销售协议及现货市场销售的方式。公司根据对外签署的现货合同及期限介于一至三年不等的长期销售合同销售自产中成药。销售合同通常载明每年销售中成药的数量、定价机制、付款方式、产品交付地及交付方式等，并根据客户的经济实力、信用程度等确定赊销额度，最大限度地把销售风险降到公司可承受范围内。

（3）面对上述风险，甲公司采取了如下应对策略：

①针对境外政治政策变动风险，甲公司要求在境外业务拓展和境外实体运营过程中，严格遵守所在国家或地区的政策、法规及相关习惯，并加强公司国际化管理能力，以弱化境外经营风险。

②针对汇率变动风险，甲公司认为，公司出口产品取得大量美元（或欧元）等外汇资产，从多年来的外汇管理实践看，未来在较长时间内，外汇将发生贬值。在分析外汇汇率变动带来的影响时，在汇率变动的合理范围内，通过改变输入参数的数值来观察并分析相应输出结果，发现外汇贬值带来的损失难以承受。因此，甲公司与中国银行签订远期外汇合约，自签订合约起2年到期时，甲公司将3.5亿美元按照约定的固定汇率出售给中国银行。对于这一风险管理中的重大合同，甲公司董事长十分重视，亲自进行了审批。

③针对产品销售风险，甲公司分析认为，现行销售策略已经把风险控制在可承受范围内，将继续执行。

（4）甲公司建立了能够涵盖风险管理主要环节的风险管理制度体系，包括风险管理决策制度、风险识别与评估制度、风险监测预警制度、应急处理制度、风险管理评价制度、风险管理报告制度、风险管理考核制度。以每年年末为评价基准日，定期对风险管理制度、工具方法和风险管理目标的实现情况进行评价，识别是否存在内部控制重大缺陷，评价风险管理是否有效，形成评价结论并出具评价报告。

假设不考虑其他因素。

要求：

1. 根据资料（1），指出甲公司确定的公司治理目标是否存在不当之处；如存在不当之处，请说明理由。

2. 根据资料（2），说明事项①按来源和范围、事项②按能否为企业带来盈利等机会、事项③按采取应对措施及其有效性分类，分别属于何种风险，并说明理由。

3. 根据资料（3），分别指出事项①~③中，甲公司采取的是何种风险应对策略（包括具体策略），并说明理由。

4. 根据资料（3）中事项②，指出甲公司分析外汇贬值带来的影响所采用的是何种风险分析方法。

5. 根据资料（3）中事项②，指出甲公司审批合同的做法是否存在不当之处；如存在不当之处，请说明理由。

6. 根据资料（4），分析判断甲公司的做法是否存在不当之处；如存在不当之处，请说明理由。

案例分析题四（本题15分）

（1）甲公司是一家生产汽车零配件的国有上市企业，根据最新的国有企业改革行动方案，当地政府希望针对甲公司实施混合所有制改革。甲公司希望针对特定投资对象进行非公开增发。2021年7月21日，甲公司公告称将针对5家公司进行非公开发行，其中参与者乙公司是一家专注于新能源汽车的民营企业，甲公司希望能够通过引进民营企业资金实现股权改制的目的；其余四家公司是机构投资者。甲公司希望通过增发获得的资金收购一项关键无形资产——非专利技术，从而提升甲公司的技术能力水平。甲公司于公告当日起停牌，并将当日作为定价基准日。经计算，定价基准日前20 日股票价格均价为 50 元。在所有参与增发项目的投资者中，除乙公司外，其他机构投资者都承诺在持股 1 年后进行转让。

（2）甲公司曾于 2017 年 5 月 21 日发行了 100 万份面值为 200 元、年利率为1.75%，并于 2024 年 5 月 21 日到期的可转换公司债券。债券持有人可选择在 2017 年 8月 21 日至债券到期日内任何时间，按 20 元的初始转股价（在若干情况下可予以调整）转换成该公司股票。该可转换公司债券还设置了赎回条款和回售条款，即股票在连续30 个交易日内的收市均价最少为每个交易日所适用的转股价的 130%，甲公司可以选择以相等于债券本金金额 100% 的赎回价，连同任何应计利息，赎回全部或部分债券；根据回售条款，2022 年 5 月 21 日可转换公司债券持有人有权将可转换公司债券以面值130% 的价格回售给发行公司。截至 2021 年 6 月 30 日，该日每股价格达到 27 元。

（3）甲公司目前旗下有 5 家子公司，这主要是由于甲公司是国有企业，当时是由几家企业通过国资合并而成，然后才取得了上市资格。由于合并时各子公司均独立发展，纳入甲公司后一直以来各项业务也没有整合。对甲公司而言，过多类型的业务范围，使得甲公司成为多元化的上市公司。当前，甲公司董事会认为，应当将甲公司自身以及各子公司业务进行整合。尤其是各家公司旗下有发展程度不一的绿色新能源业务，如光伏发电、风力发电等项目，这是绿色经济的代表型产业。甲公司董事会希望将这类项目整合到一家公司，然后在上海证券交易所能够单独上市，进而获得更好的公司估值和单独的发展机会。

要求：

1. 根据资料（1），甲公司非公开发行股票的融资方式属于哪种类型，符合该融资类型中的哪几种目的？

2. 根据资料（1），甲公司发行股票价格最低是多少？机构投资者承诺 1 年后转让是否符合法规要求？

3. 根据资料（2），计算甲公司发行可转债的转换比率以及转换价值。

4. 根据资料（2），分析甲公司可转换公司债券涉及的关键要素。

5. 根据资料（3），甲公司董事会决策本质上是采用何种融资类型（包括大类和细分类型）？这种融资模式的利弊有哪些？

案例分析题五（本题 10 分）

东南公司是一家化工企业，主要生产 A、B 两种产品，该公司生产环节引发的环境问题主要涉及废弃物搬运及弃置、焚化炉启动及运转等。甲公司自 2020 年以来逐步完善了环境成本的会计核算。相关资料如下：

（1）东南公司两种产品都对环境有不同程度的污染，对引起的环境污染每月需要付出 180 000 元的环境治理费用。A 产品月产量 50 000 件，B 产品月生产量 40 000 件。环境治理费用采用传统成本法核算间接环境成本，即将间接环境成本按用产量分配到不同产品成本中。

（2）随着我国低碳经济、绿色生产理念的普及，甲公司间接环境成本在产品成本中的比重逐年升高，通过传统成本法核算间接环境成本已不能适应"绿色化"战略转型的需要，甲公司决定采用作业成本法提高间接环境成本核算的准确性。相关资料如下表所示：

甲公司作业成本相关资料

作业成本库	消耗资源（万元）	成本动因	作业量	
			A 产品	B 产品
废弃物搬运成本库	20 000	搬运次数	100	900
焚化炉启动成本库	40 000	启动次数	40	60
焚化炉运转成本库	80 000	运转小时	600	400
废弃物弃置成本库	40 000	吨数	45	55

（3）为进一步加强环境成本管控，东南公司拟采取以下三项措施：①对因企业开业至今生产过程中造成的环境资源损害给予修复。②对生产过程中所需的水源进行水质评估，对不达标的水质进行预处理，达标之后投入生产。③设立社会环境保护公共工程科研项目，就厂区周边的自然资源和环境保护性开发和维护问题进行研究，企业安排一部分自有资金预算对社会环境保护公共工程进行投资建设。

假定不考虑其他因素。

要求：

1. 根据资料（1），计算传统成本法下 A、B 两种产品各分摊多少环境治理费用。

2. 根据资料（2），计算作业成本法下 A、B 两种产品各分摊多少环境治理费用。

3. 根据资料（2），分析作业成本法下 A、B 两种产品中，哪种产品应作为废弃物搬运成本管理的重点，并说明理由。

4. 根据资料（3），从环境成本发生时间范围的角度，分别指出①～③项措施发生的成本所体现的环境成本类型。

案例分析题六（本题 10 分）

甲公司是一家国内知名的乳制品企业集团。公司一直坚持国际化发展和创新战略，整合国内外核心稀缺资源，开展全球全产业链创新合作，实现全球产业布局。2021 年，经过前期调研考察，甲公司锁定一家澳大利亚的乳制品上市企业乙公司作为并购对象。

（1）被并购企业概况。乙公司已在全球拥有 10 家工厂，公司旗下产品销售至 60 余个国家或地区，并已成功打入中国市场，其产品的市场占有率已位居中国婴幼儿配方奶粉的头部位置。乙公司一直坚持"全球产业链的整合与创新"战略，致力于在全球范围内从事高端乳品及营养食品的研发、生产和销售。公司已在荷兰、澳大利亚等全球"黄金奶源地"实现产能及市场布局，并通过整合优秀的乳业产业链资源，实现了全球资源优化配置的全产业链模式。

（2）并购估值与定价。根据独立第三方的尽职调查结果和出具的估值报告，结合市场交易价格，乙公司 100% 股权的公允价值约为 160 亿元。甲公司经审慎评估后认为，假设自行投资建设复制乙公司现有的资源和业务，至少需要 200 亿元；而假设本次并购成功，并购协同效应价值至少约为 50 亿元。经并购双方友好充分协商谈判，最后一致同意按 10.06 元/股的价格作为此次并购交易的实际成交单价，相较最近的市场成交价格溢价率约为 14%。

（3）并购交易安排。首先，甲公司从乙公司的大股东手中受让乙公司 30.89% 的股权。同时，乙公司向甲公司定向增发 3.44% 的新增股份。两项交易完成后，甲公司累计持有乙公司约 34.33% 的股份，实际成交金额约 62.45 亿元。虽然并未实际拥有对乙公司的控制权，但由于持股比例已超过 30% 的限制，触发强制性要约收购的法定义务。所有其他股东均可在规定期限内按 10.06 元/股的统一价格转让给甲公司。要约收购截止日（2022 年 3 月），甲公司完成对乙公司的全资收购，累计交易金额共计约 182 亿元。此次并购交易发生的直接相关费用共计 0.8 亿元，全部由甲公司承担。

（4）并购后整合。收购完成后，甲公司充分尊重乙公司原有的企业文化，依旧维持乙公司的独立法人地位，相对独立运营和管理。同时，甲公司根据总体的发展战略考虑，主导对乙公司的战略进行了优化调整，优先支持和拓展中国市场和全球优质奶源基地布局，并制定了高标准的绩效考评指标体系和配套的激励措施。

假设不考虑其他因素。

要求：

1. 根据资料（1），请判断甲公司并购乙公司的动机。

2. 根据资料（2）和（3），请分析计算甲公司的并购溢价、并购净收益和托宾 Q 值，并判断此次并购在财务上是否可行。

3. 根据资料（3）和（4），请分析判断甲公司并购乙公司的并购类型。

4. 根据相关资料（4），请判断此次企业并购后整合所选择的策略类型。

案例分析题七（本题 10 分）

甲公司是一家大型综合性企业集团。近些年来随着数字化转型的不断深化，也开始建设财务共享中心。

（1）甲公司财务共享中心建设前后经历了 2 年的时间。第一步是进行项目的可行性分析，包括管理模式和服务模式的选择、成本效益分析和框架设计等流程。按照财务部门"三位一体"的财务运营新模式，甲公司采取"三中心"组织架构，即财务管理中心、税务筹划中心、财务共享服务中心。

（2）甲公司的费用报销业务经历了变革，统一集团的费用标准制度，公平对待集团所属各公司的每一位员工，简化签批流程，由原来的线下的纸质审批原始凭证转变为线上审批影像资料单据。由原来的线下保障变成通过互联网提交报账单据，网银划转报销款项。高度集成的融合系统自动生成会计记账凭证，自动生成报表。

（3）甲公司逐步降低财务人力成本，提高财务运作效率，防范和控制财务风险，最终实现"向创新求突破，向管理要效益，坐稳财务"的发展目标。

（4）甲公司财务共享中心建设的第二阶段计划采用大数据——财税大数据服务中心，利用大数据技术实现财务大数据挖掘，自动统计、分析等应用。同时利用 RPA 技术，进一步提高财务共享服务中心处理的效率及智能化水平。

要求：

1. 根据资料（1），指出甲公司的共享中心和财务管理部门的关系及优点。

2. 根据资料（2），指出甲公司财务共享中心的特有核心子系统有哪些，各自系统的价值是什么？

3. 根据资料（3），判断甲公司的财务共享中心建设目标是否恰当；如不恰当，请说明理由。

4. 根据资料（4），指出大数据分析和 RPA 技术在财务共享中的应用场景。

案例分析题八（本题 20 分，第八题、第九题为选答题，考生应选其中一题作答）

甲单位是一家中央级事业单位，围绕"国家生态环境安全与可持续发展"战略定位，充分发挥环境科学和生态学科的综合优势，为我国生态文明建设作出贡献。为优化会计信息质量、政府采购、资产管理、内部控制，近期甲单位总会计师组织召开工作会议，研究讨论有关问题。会议研讨中涉及的部分有关情况如下：

（1）甲单位现有 2 个国家重点实验室，在围绕国家环境保护与生态建设的重大科技需求和国际生态环境科学前沿，需要部门预算进行支撑。为此，甲单位在部门预算管理中采取了下列措施：①在目前新冠肺炎疫情严重影响经济发展的情况下，响应党中央号召过紧日子，在年初预算编制中优先保障基本支出，后安排项目支出；先重点、急需项目，后一般项目。②在年度预算执行过程中，鉴于国际局势风云变幻，为了保证国家粮食安全，甲单位于 6 月决定立即启动"农田系统环境质量预警体系与粮食无公害生产及关键技术"课题项目（该项目尚未纳入项目库），投入资金开展研究，同时相应调减非急需项目。③11 月 16 日，甲单位发现"丛枝菌根真菌复合修复有机污染物土壤的技术"课题项目进度较慢，预计年底将形成较大的结转资金，决定将 290 万元资金用于急需资金的"环境中具有遗传毒性化学污染物的光电化学快速筛查技术"项目。

（2）甲单位为完成预定目标，需要采购"ACS 数据库"，经批准的采购预算金额为 1 100 万元。为此，甲单位采取了如下做法：①面向市场主体开展需求调查，选取了行业内具有典型意义的 2 个调查对象，采用问卷调查方式开展了需求调查，包括了解相关产业发展、市场供给、同类采购项目历史成交信息，以及数据库后续的运行维护费用、升级更新费用等情况。②鉴于采购项目金额较大，采用公开招标方式进行采购，并组成了由 1 名采购人代表和 4 名评审专家组成的 5 人评标委员会，并取得进展，完成了采购任务。

（3）甲单位国有资产实行"统一领导，归口管理，分级负责，责任到人"的管理体制，国有资产管理工作由甲单位国有资产管理委员会实施统一领导，按资产的不同形态和分类，对国有资产实施归口管理。为此，甲单位在国有资产管理中采取了如下做法：①"城市与区域生态国家重点实验室"有一台高端设备按照规定程序批准予以转让，相关人员认为该资产转让是通过公开市场转让的，没有必要花费资金进行资产评估，甲单位资产归口管理部门同意了这一做法，在未经评估情况下完成了资产转让。②"环境纳米技术与健康效应重点实验室"有一台闲置仪器，该仪器账面原值 1 890 万元，已计提折旧 630 万元，经甲单位领导班子批准，将其出售给 A 健康体检中心，并将出售收入 800 万元，在扣除相关税费后上缴了中央国库。

（4）甲单位十分重视内部控制建设，要求各部门要通过流程优化、责任分解，提高工作效率，防范操作风险。为此，甲单位在内部控制中采取了如下措施：①面对事业发展中产生的大额资金需求，甲单位通过充分论证，并由单位领导班子集体研究决定后，按国家有关规定履行报批手续，举借了银行借款 5 000 万元。②甲单位要求对货币资金日清月结，每月月末由出纳盘点库存现金、详细核对银行存款余额、编制银行存款余额调节表，务必做到账实相符、账账相符。

（5）甲单位全面推进预算绩效管理，建立以绩效目标实现为导向，以绩效评价为手段，以结果应用为保障，以改进预算管理、优化资源配置、控制节约成本、提高公共产品质量和公共服务水平为目的，覆盖所有财政性资金，贯穿预算编制、执行、监督全过程的预算绩效管理体系。为此，甲公司采取了如下做法：①按照"谁申请资金，谁设定目标"的原则，甲单位在设定项目绩效指标时，坚持"高度关联、重点突出、量化易评"的原则，十分重视绩效指标分值权重，对于设置成本指标的项目，成本指标 40%、产出指标 30%、效益指标 20%、满意度指标 10%。②按照"谁支出，谁负责"的原则，甲单位负责开展预算绩效日常监控，监控内容包括绩效目标完成情况、预算资金执行情况、重点政策和重大项目绩效延伸监控，每年 7 月，中央部门要集中对上半年预算执行情况和绩效目标实现程度开展一次绩效监控汇总分析。

假定不考虑其他因素。

要求：

1. 分别判断资料（1）中事项①~③甲单位采取的措施是否存在不当之处；存在不当之处的，分别说明理由。

2. 分别判断资料（2）中事项①~②的做法是否存在不当之处；存在不当之处的，

分别说明理由。

3. 分别判断资料（3）中事项①~②的做法是否存在不当之处；存在不当之处的，分别说明理由。

4. 分别判断资料（4）中事项①~②的措施是否存在不当之处；存在不当之处的，分别说明理由。

5. 分别判断资料（5）中事项①~②的做法是否存在不当之处；存在不当之处的，分别说明理由。

案例分析题九（本题 20 分）

甲公司为国有控股上市公司，主营业务分为安保科技、电源、医疗、电子信息四大产业板块，是复杂大型系统规划设计与集成商、高端产品研发与制造商。面对严峻复杂的国际形势和新冠肺炎疫情的波动影响，甲公司紧抓战略机遇，加速转型升级，在股权激励、风险管理和投融资方面开展了如下业务：

（1）关于股权激励。为进一步完善公司法人治理结构，建立健全公司长效激励约束机制，吸引和留住公司优秀人才，充分调动其积极性和创造性，有效提升核心团队凝聚力和企业核心竞争力，甲公司薪酬委员会草拟了股权激励草案，有关内容如下：

①股权激励计划采用的激励方式为限制性股票，涉及的标的股票来源为从二级市场回购的本公司人民币 A 股普通股股票。本次授予激励对象的限制性股票数量为 475.90 万股，预留授予限制性股票 100.16 万股。

②本激励计划的激励对象包括公司董事、高级管理人员、中层管理人员以及核心骨干员工共 348 人（不包括公司独立董事、监事、单独或合计持股 5% 以上的主要股东或实际控制人及其配偶、父母、子女），公司董事会审议通过激励计划后，将通过公司网站，在公司内部公示激励对象的姓名和职务，公示期 8 天。

③限售期自授予日起 24 个月为止。

④企业回购股份时，按照回购股份的全部支出作为冲减股本和资本公积处理，同时进行备查登记。

（2）关于套期保值。甲公司为生产新能源电源，需要大量铜作为原材料。甲公司于 2 月 1 日签了一项采购合同，以固定价格购入铜材料 2.8 亿元，约定 6 个月后交货。为了规避铜材料价格变动带来的风险，使公司保持相对稳定的利润水平，甲公司开展了套期保值业务，并进行了如下处理：

①甲公司与某金融机构签订了一项未来卖出铜的期货合约，规避铜价格下跌的风险。

②甲公司将该套期分类为公允价值套期。

③甲公司在分类为公允价值套期并在符合运用套期会计情况下，将套期工具产生的利得或损失计入了其他综合收益，将被套期项目因被套期风险敞口形成的利得或损失计入了其他综合收益。

（3）关于金融资产减值。甲公司红外热成像产品主要应用于提供工业垂直领域的整体解决方案，新冠肺炎疫情的影响导致了市场对红外热成像仪产品的需求不断增长。为了保证生产经营中的流动资金需求，甲公司持有金融资产并进行了如下处理：

①甲公司于 1 月 2 日从证券市场上购入 B 公司于本年 1 月 1 日发行的债券，该债券期限为 3 年，票面年利率为 5%，实际年利率为 6%，到期一次归还本金和利息。甲公司购入债券的面值总额为 1 000 万元，实际支付价款 960.54 万元，另支付相关交易费用 5 万元。甲公司持有该债券的业务模式为既收取合同现金流量又出售金融资产为目标，以满足流动性需要，将其分类为以公允价值计量且其变动计入其他综合收益的金融资产。据此，甲公司确认的该债券的初始确认金额为 960.54 万元，将支付的相关交易费用 5 万元计入了当期损益。

②甲公司于 12 月 31 日对持有的 B 公司债券以预期信用损失为基础，进行减值会计处理并确认损失准备。

③甲公司经评估 B 公司债券的信用风险，发现自初始确认后信用风险并未显著增加。据此，甲公司按照该债券整个存续期内预期信用损失的金额计量其损失准备。

（4）关于金融资产转移。甲公司产品涉及微电子、光学、新材料及图像处理等多个学科及其交叉运用。由于需求不断提升，产品销量迅速扩大，但由此应收账款也快速增加。为了加速资金周转，甲公司与 C 金融机构签订协议，甲公司将短期应收账款 3.5 亿元出售给 C 金融机构，收取款项 3.4 亿元。同时规定，如果 C 金融机构无法收回足额应收账款，甲公司将全额补偿信用损失。据此，甲公司进行了如下会计处理：①终止确认了该应收账款。②将收取价款与应收账款账面价值之间的差额 0.1 亿元计入了当期损益。

（5）关于融资。甲公司为了提升生产线的智能化水平，需要加强基础能力建设。为此，甲公司与 D 公司签订协议，甲公司向 D 公司定向发行 4 亿股甲公司普通股，每股面值 1 元，发行价每股 2 元，融入资金 8 亿元。协议还规定：甲公司可自行决定是否派发股利；但如果甲公司进行筹资或首次公开发行股票，则甲公司必须按发行价赎回该股票，并按融资额 8 亿元、年利率 4.2% 支付资金占用费。据此，甲公司将发行的股票分类为权益工具。

假定不考虑其他因素。

要求：

1. 根据资料（1），分别判断甲公司股权激励中事项①～④的做法是否存在不当之处；如存在不当之处，请说明理由。

2. 根据资料（2），分别判断甲公司套期保值中事项①～③的处理是否正确；如不正确，请指出正确的处理。

3. 根据资料（3），分别判断甲公司金融资产减值中事项①～③的处理是否正确；如不正确，请指出正确的处理。

4. 根据资料（4），分别判断甲公司出售金融资产中事项①~②的会计处理是否正确；如不正确，请说明理由。

5. 根据资料（5），判断甲公司对发行的股票的分类是否正确；如不正确，请说明理由。

2023 年度高级会计资格
《高级会计实务》全真模拟试题（二）

案例分析题一（本题 15 分）

A 企业集团是一家国有上市公司，公司的 2020 年度财务报表主要数据如下表所示。

2020 年度财务报表　　　　　　　　　　　　　　　　　　　　单位：万元

收入	1 000
税后利润	100
股利	40
留存收益	60
负债	1 000
股东权益（200 万股，每股面值 1 元）	1 000
负债及所有者权益总计	2 000

公司董事长在 2021 年初工作会议上提出：当前市场需求以较大的幅度增长，外部环境提供了较多的发展机遇，公司发展要进一步聚焦主业，采用渠道整合并实现产业升级等举措。当前在韩国有一家企业正在出售，这家企业在全球都拥有销售渠道，根据公司战略发展需要，公司可以通过收购这家公司实现销售渠道的整合。

然而总经理在工作会议上认为，公司外部市场环境发展并不意味着公司必然采用如此扩张发展的模式。当前外部融资市场环境并不十分理想，盲目做大并不可取。根据公司财务部预测，公司预计 2021 年的销售增长率是 10%。目前公司拟通过提高销售净利率的方式来解决资金不足问题。

财务总监认为，公司旗下还存在大量投资性房地产业务，占公司总资产的 20%。如果公司未来需要进一步聚焦主业，这部分投资性房地产可以对外出售，从而获得企业发展所需要的资金。

财务经理则指出，公司目前资金管理效率较低，为了进一步提升管理效率，未来公司可以考虑在总部设立专门的资金管理机构，负责办理内部各成员企业的现金收付和往来结算业务。

要求：

1. 计算该公司的可持续增长率。

2. 董事长发言中，表明公司将采用何种发展战略（包括细分战略）。

3. 总经理认为，公司外部市场环境发展并不意味着公司必然采用如此扩张发展的模式，分析该说法是否正确并给出理由。若按照总经理的观点，公司应采用何种发展战略？

4. 根据总经理的说法，公司预计要实现 10% 增长率，应该要确保多少利润率水平才能实现目标？（计算分析时假设除正在考察的财务比率之外其他财务比率不变，销售不受市场限制，销售净利率涵盖了负债的利息，并且公司不打算发行新的股份）

5. 公司财务总监的观点，反映了其希望采用哪种融资模式？

6. 财务经理提及的集团资金管理模式属于哪种类型？集团资金管理有哪些好处？

案例分析题二（本题 10 分）

甲公司是一家从事服装生产和流通的大型上市公司。随着互联网电商平台销售模式不断成熟，传统的销售模式受到了挑战，更加加剧了未来销售量的不确定性。2022年，甲公司计划通过升级管理信息系统，构建大数据业务平台夯实实施预算管理和绩效管理的基础，其主要做法如下：

（1）2021 年，甲公司的预算编制方法是固定预算法。自 2022 年起，甲公司计划实行弹性预算，在年度业务量分析的基础上，编制弹性预算。

（2）2021 年，公司主要的业绩评价指标有净利润、投资收益率和经营活动净现金流。2022 年，为了充分发挥绩效评价在战略规划实施中的作用，甲公司开始实施 KPI绩效考核体系。经过分析，甲公司的关键成功因素归纳为产品适销对路、客户认可度高、资金周转快、供应链可靠。甲公司选定 T 公司作为制定绩效目标的参考。

（3）2022 年 6 月 30 日，甲公司各项预算指标的执行结果如下表所示。

甲公司各项预算指标的执行结果　　　　　　单位：%

指标	预算	实际	T 公司实际
营业收入增长率	12.9	7.06	10
存货周转率	1.82	2	1
市场占有率	15	23	30
准时供货率	10	16	20

假设不考虑其他因素。

要求：

1. 请根据资料（1），指出固定预算法的适用范围和弹性预算法的优点。
2. 请根据资料（2），指出弹性预算编制的方法有哪些。
3. 请根据资料（3），指出甲公司预算执行的不足之处及改进措施。
4. 请根据资料（2）~（3），指出甲公司使用了哪些预算分析方法。

案例分析题三（本题 10 分）

甲公司是一家上交所科创板上市公司，主营业务是研发、生产、销售高品质的绿色节能照明产品和机动车车灯产品。甲公司在进入绿色低碳和智能化的新经济背景下，管理层组织相关职能部门研究起草了《公司战略风险管理与内部控制管理建议书》，内容如下：

（1）关于风险管理。当前，照明市场整体增速逐渐放缓，行业存在较明显的结构性产能过剩问题。为此，甲公司在风险管理方面有关部分事项如下：

①照明行业是一个全球化竞争的行业，面临一些家电企业延伸至照明应用领域的竞争，公司面临的市场竞争环境将更加激烈。为此，甲公司风险管理部建议：企业风险管理应覆盖所有的风险类型、业务流程、操作环节和管理层级与环节；同时，在风险管理过程中应当对风险进行评价，确定需要进行重点管理的风险，并有针对性地实施重点风险监测，及时识别、应对风险。

②"大智移云物区"等新一代信息技术蓬勃发展，对经济发展、社会进步带来重大而深远的影响。甲公司抓住机遇，通过共享服务建设，打造战略、业务、运营三位一体的新型运营管控模式，推进公司管理运营整体转型升级，提高运行效率和效益。但高度信息化也带来了风险，万一信息系统崩溃，可能会给企业带来灭顶之灾。为此，甲公司战略规划部建议：在风险分析中，假设在公司信息系统崩溃的极端情境下，评估风险管理模型或内部控制流程的有效性，制定改进措施，确保生产经营的主动权。

③在"碳达峰、碳中和"、新基建等国家政策的引导下，照明市场和汽车车灯市场迎来新的发展机遇。为此，甲公司研发中心建议：在风险应对中，公司应凭借技术优势，通过持续研发投入和技术创新，不断推进主营产品技术升级换代，不断推出新产品，使企业在竞争中处于较为有利的地位。

（2）关于内部控制。公司持续强化创新驱动、推动营销模式变革、破题资本运作、优化产业布局。甲公司在内部控制方面采取了如下做法：

①随着行业竞争格局的演变，消费者对产品品质、品牌的关注度增加，市场竞争能力弱的公司将逐步被市场淘汰，而大企业或具备核心竞争力的企业将获得更多的市场机会。为此，经战略规划部拟订并购方案后，这一重大事项经公司主要负责人亲自批准，甲公司并购了黄河时代公司，为公司做强做大汽车车灯业务提供了有力支撑。

②公司坚持"效率优先，兼顾公平，共创共享"的原则，以价值创造为导向，按

管理、研发、销售、生产四个类别构建四套薪酬体系，根据不同的岗位及职位特点确定薪酬等级，薪酬分配向核心人才、关键岗位倾斜，以最大限度激发员工的工作积极性。为此，甲公司采取了如下做法：确定绩效考评目标，设置考核指标体系，选择考核评价标准，在形成评价结果的基础上，制定奖惩措施，将绩效考评结果作为确定员工薪酬以及职务晋升、评优等的依据。

（3）关于公司治理。甲公司严格根据《公司法》《证券法》《上市公司治理准则》《上海证券交易所股票上市规则》及其他相关法律法规、规章制度的要求，不断完善法人治理结构，建立了一套较为有效的公司治理体系。甲公司采取了如下具体措施：

①公司建立股东大会、董事会、监事会和经理层各负其责的治理结构，并分别按其职责行使决策权、执行权和监督权；建立了董事会专门委员会和独立董事制度；强化大股东及一致行为人的信息披露要求、禁止公司股东滥用股东权利，公司与大股东在业务、人员、资产、机构、财务等方面做到"五分开"；加强审计监督力度，由名校MPAcc出身的财务部副部长兼任内部审计机构负责人，提高审计业务水平。

②公司治理结构作为企业的内部环境，必然对企业风险管理和内部控制产生影响，甲公司通过完善公司治理结构，使得公司内部控制和风险管理得到了加强。

假定不考虑其他因素。

要求：

1. 指出资料（1）中的事项①，风险管理部建议所体现的风险管理的原则。

2. 指出资料（1）中的事项②，战略规划部建议所采用的是何种风险分析技术；并指出企业面临的信息系统崩溃风险，从能否带来盈利等机会分类，属于何种风险类型。

3. 指出资料（1）中的事项③，研发中心建议采取的是何种风险应对策略类型（应指出具体策略）。

4. 逐项判断资料（2）中的第①～②项做法是否存在不当之处；对存在不当之处的，分别说明理由。

5. 逐项判断资料（3）中的第①～②项措施是否存在不当之处；对存在不当之处的，分别说明理由。

案例分析题四（本题 15 分）

甲公司是一家从事重型机械制造的企业，经过多年的发展，其挖掘机、大型卡车和模具等重型产品逐步赢得了市场认可，市场占有率不断提高。甲公司 2021 年末总资产 120 亿元，所有者权益 40 亿元。

2022 年初，公司董事会经过综合分析后认为，公司目前已经进入成长期，结合公司目前发展态势以及所处的发展阶段，公司董事会确定了今后五年的发展战略：为扩大产能规模，拟收购本地区同行业从事类似业务的乙公司 100% 股权，并购后乙公司将被解散（两家公司之前不存在关联方关系）。通过本次并购，将提高公司产量和市场占有率，实现公司的可持续增长。

乙公司的相关资料如下表所示：

资产负债表

编制单位：乙公司　　　　　　　　2021 年 12 月 31 日　　　　　　　　单位：万元

资产	年末余额	负债和股东权益	年末余额
流动资产：		流动负债：	
货币资金	15 600	短期借款	0
应收票据	800	应付账款	10 000
应收账款	32 000	应付职工薪酬	6 500
其他应收款	9 700	应交税费	13 500
存货	11 900	流动负债合计	30 000
流动资产合计	70 000	非流动负债：	
非流动资产：		长期借款	45 000
长期股权投资	3 000	应付债券	29 000
固定资产	123 800	非流动负债合计	74 000
在建工程	1 800	负债合计	104 000
无形资产	1 400	股东权益：	96 000
资产总计	200 000	负债和股东权益总计	200 000

利润表

编制单位：乙公司　　　　　　　　2021 年度　　　　　　　　单位：万元

项目	本年金额
一、营业收入	300 000
减：营业成本	264 400
税金及附加	2 800
销售费用	2 200
管理费用	4 600
其中：研究与开发费	1 000
财务费用	11 000
其中：利息支出	10 000
资产减值损失	0
加：公允价值变动收益	0
投资收益（来自联营企业）	5 000
二、营业利润	20 000
加：营业外收入	0

续表

项目	本年金额
减：营业外支出	0
三、利润总额	20 000
减：所得税费用	6 400
四、净利润	13 600

其他相关资料：

（1）乙公司当前的有息债务总额为 74 000 万元，均为长期负债；目前公司持有的超过营运资本需求的现金为 5 000 万元；本年度固定资产折旧额为 10 000 万元；公司加权平均综合资本成本率（WACC）为 10%，企业所得税税率为 25%。

（2）并购双方初步确定 100% 股权收购价格为 150 000 万元，与乙公司最接近的竞争者 A 公司的 P/E 为 10.8 倍；EV/EBITDA 为 6 倍。

（3）为了解决并购资金以及后续业务发展的资金缺口，公司财务部提出以下融资方案：方案一：向战略投资者进行定向增发新股；方案二：向银行举借长期借款。

假定不考虑其他因素。

要求：

1. 分析计算乙公司 2021 年度的经济增加值。

2. 判断该并购属于哪种方式（至少两种方式）。

3. 按照拟订的收购价格计算乙公司的收购市盈率 P/E。

4. 按照拟订的收购价格计算乙公司的企业价值 EV。

5. 按照拟订的收购价格计算乙公司的 EV/EBITDA。

6. 根据对比公司 A 的财务指标，判断本次收购价格是否合理。

7. 依据备选融资方案说明两种融资方案中哪一种较优，并说明理由。

案例分析题五（本题 10 分）

甲公司是一家大型电子设备生产企业。2018 年为甲公司的成本管理年，公司董事会提出"加强成本管理、提升企业效益"的口号。为此，公司专门召开成本管理专题工作会议，讨论企业成本管理工作。详细资料如下：

（1）甲公司计划增加一款新产品，由于该产品系买方市场，因此企业无法决定该产品的市场售价。经过市场调查后得知，该产品的市场售价定为 37 200 元能够适应市场需求。经过研究，销售成本率为 50% 符合企业的利润预期。如果按照 500 台的试产量计算，每单位产品分摊的固定非生产成本为 10 000 元，没有非生产性变动成本发生。

（2）甲公司根据新产品的目标成本结构制定出该产品的计划成本标准如下表所示：

新产品的计划成本标准 单位：元

成本项目	单位耗用	单价	单位成本
直接材料	90	80	7 200
直接人工	80	70	5 600
变动制造费用	70	60	4 200
固定制造费用			1 600
成本合计			18 600

该新产品在 2018 年 2 月进行试制，试制的成本为 21 020 元。

（3）甲公司试制成功后该新产品销路很好，公司随即扩大了生产能力，10 月底，最佳产能已经投产，11 月，某大客户提出在全年订购合同全部执行完的基础上，追加订购 20% 相同规格型号的产品，但是提出要求在原合同价的基础上降价 50%。经过财务测算，如此低的单价将导致该合同出现亏损，但是该合同的总边际贡献仍大于零。

如未特别说明，成本计算方法按完全成本法。

要求：

1. 根据资料（1）和（2），计算该新产品的目标成本和销售利润率。

2. 根据资料（1）和（2），指出是否应该批准该新产品批量生产，并陈述理由。

3. 根据资料（2），按照变动成本法，计算该新产品的成本以及计划的单位产品边际贡献。

4. 根据资料（3），指出甲公司是否应该接受该笔订单，并说明理由。

案例分析题六（本题 10 分）

甲公司是一家全国性的房地产公司，业务遍布我国 79 个城市和 6 个海外城市。受到日趋激烈的房地产企业市场竞争的影响，集团规模扩张对财务有效控制合规风险的需求越来越强烈，集团战略转型对财务提出更高的能力要求。为此，甲公司召开财务转型专题会议，资料如下：

（1）总经理：随着公司业务规模不断壮大，传统的财务管理体系已经无法适应公司转型。近年来频繁出现由于信息传递不及时，降低集团的管控力度的现象，报销乱象、虚发奖金及多发奖金等事件频发。地产项目分布地域广，每个项目都得配备会计人员来处理，整个集团财务人员数量庞大，选用育留方面的成本很高。财务人员忙于日常基础核算工作及报表编制，层层汇总的会计信息及时性和准确度都不高。

（2）财务总监：建议打造一个为业务服务、提升财务会计运营效率和管控水平的财务共享服务信息化平台。采用内部市场化运营方式，面向一线公司收取服务费用。必要时可以采取设立一家独立法人的有限公司的方式组建财务共享服务中心，承接一线公司的财务会计核算，除传统模式的主要业务流程，逐渐向更高价值的工作延伸。

（3）业务总监：我公司财务信息化工作具有雄厚的基础，多年来已经投入使用ERP软件解决集团基础财务、资金结算、成本管理等工作。公司内部业务多元，业态众多，一线公司分布全国各地且都采用市场化独立核算和运营模式。公司应加强ERP软件系统的升级，各个公司都可以使用，也能解决财务管控的问题，不必建设财务共享中心。

（4）信息总监：目前云软件技术发展迅猛，而我公司的业务需要大量与第三方供应商发生交易，员工在业务进行过程中已经可以在线获得订单收据、电子发票，希望在财务转型过程中充分考虑搭建云平台的可能性。

假设不考虑其他因素。

要求：

1. 请根据资料（1），指出甲公司财务管理面临哪些挑战。

2. 请根据资料（2），指出甲公司财务共享服务中心按运营模式属于哪种类型。

3. 请根据资料（3），指出业务总监的观点是否正确？财务共享服务和ERP有何不同？

4. 请根据资料（4），指出信息总监的建议是采用何种财务共享服务模式？有何革新？

案例分析题七（本题10分）

甲单位为一家中央级事业单位，为了不断提高单位事业工作的合规性和效率性，2023年3月甲单位内部审计部门在对预算管理、政府采购和国有资产管理合规性进行检查时，关注到部分事项如下：

（1）甲单位作为预算管理一体化试点单位，在资金支付方面采取了如下做法：①甲单位办理资金支付业务时，应当通过中央一体化系统填报资金支付申请；②办理资金支付原则上应当通过实有资金账户支付资金。

（2）甲单位为了事业发展，需要采购一批货物。该批货物通过前期设计咨询，确定了详细规格和具体要求，无须与供应商协商谈判，决定采用招标方式采购。为此，甲单位采取了如下做法：①由采购人代表2名和评审专家3人组成了评标委员会，评标组长由采购人代表担任。②为了做到公正、公平，要求评标委员会成员全程参加开标活动。

（3）甲单位对预算收支全面实施绩效管理，预算收入讲求质量，预算支出符合统筹兼顾、勤俭节约、量力而行、讲求绩效、收支平衡原则，压实绩效管理责任。为此，甲单位在绩效评价中采取了如下做法：①甲单位按照要求负责自评工作，把项目支出作为绩效评价的重要内容，对项目立项的必要性、对项目支出的合法性和对项目研究结果的有效性进行测量、分析和评判。②甲单位对项目支出绩效评价自评结果主要通过项目支出绩效自评表的形式反映，加强自评结果的整理、分析，将自评结果作为本单位完善政策和改进管理的重要依据。

（4）2022 年 12 月，甲单位经规定程序批准，转让一项股权投资。该股权投资为多年前甲单位以固定资产对 B 公司投资形成，按照当时评估价值形成股权投资成本 850万元。本次甲单位将股权全部转让，转让对价 1 000 万元已存入银行。在转让中发生税金、评估费等相关费用合计 30 万元。据此，甲单位进行了如下处理：

①确认投资收益 120 万元，纳入单位预算，统一核算，统一管理。

②将收到的货币资金 1 000 万元扣除支付的税费 30 万元和投资收益 120 万元后，剩余 850 万元全部上缴中央国库。

（5）甲单位根据年度预算需要采购专业业务活动所需的设备，经批准的设备购置预算为 1 300 万元。为此，甲单位开展了如下细致的工作：

①开展需求调查。面向市场主体开展需求调查，选择了 2 家该领域中具有代表性的设备制造企业进行了详细调查，了解相关产业发展、市场供给、同类采购项目历史成交信息，可能涉及的运行维护、升级更新、备品备件、耗材等后续采购。

②确定采购需求。明确了实现项目目标的所有技术要求、商务要求，包括该设备的性能、材料、结构、外观、安全；采购设备的时间、地点、财务和服务要求等。

假定不考虑其他因素。

要求：

1. 判断资料（1）中的事项①~②是否存在不当之处；存在不当之处的，请说明理由。

2. 判断资料（2）中的事项①~②是否存在不当之处；存在不当之处的，请说明理由。

3. 判断资料（3）中的事项①~②是否存在不当之处；存在不当之处的，请说明理由。

4. 判断资料（4）中的事项①~②是否存在不当之处；存在不当之处的，请说明理由。

5. 判断资料（5）中的事项①~②是否存在不当之处；存在不当之处的，请说明理由。

案例分析题八（本题 20 分，第八题、第九题为选答题，考生应选其中一题作答）

甲公司为国有控股上市公司，是专业从事高可靠光、电连接器及相关设备的生产与销售，并提供系统的互联技术解决方案的高科技企业。甲公司为了发展壮大企业，进行了相关融资、投资、风险管理以及股权激励，部分资料如下：

（1）关于融资。受益于国内新冠肺炎疫情的有效管控，新"基建"内需拉动以及国内新能源汽车行业领域的快速发展，国内连接器市场份额持续提升，甲公司决定抓住机遇，采取如下融资措施扩建新生产线：

①甲公司发行永续债融入资金 50 亿元。有关合同条款如下：该永续债无固定还款

期限，年利率为5.8%，发行方可自主决定是否支付利息而且不可累积。为了保护投资者利益，合同规定：当发行人未能清偿到期应付账款以及任何金融机构贷款的本金或利息时，发行人立即启动投资者保护机制（称为交叉保护），即主承销商于30个工作日内召开永续债持有人会议。永续债持有人有权对如下处理方案进行表决：第一，无条件豁免违反约定；第二，有条件豁免违反约定，即如果发行人采取了补救方案（如增加担保），并在30日内完成相关法律手续的，则豁免违反约定。如上述豁免的方案经表决生效，发行人应无条件接受持有人会议作出的上述决议，并于30个工作日内完成相关法律手续。如上述方案未获表决通过，则永续债本息应在持有人会议召开日的次日立即到期应付。据此，甲公司将该永续债分类为权益工具。

②甲公司发行了名义金额人民币100元的优先股，融入资金20亿元。合同条款规定甲公司在5年后将优先股强制转换为普通股，转股价格为转股日前一工作日的该普通股市价。据此，甲公司将发行的优先股分类为权益工具。

（2）关于股权激励。为了激发高管以及核心员工的积极性，甲公司决定进行股权激励，由薪酬与考核委员会拟定的有关股权激励草案部分资料如下：

①本激励计划采取的激励工具为限制性股票。股票来源为本公司向激励对象定向发行公司A股普通股。本激励计划拟向激励对象授予的限制性股票数量不超过960万股，占公司总股本9.6亿股的1%。首次授予限制性股票720万股，占公司股本总额的0.75%。

②本次预留授予限制性股票240万股，占本次限制性股票授予总量的25%。

③如果激励计划获得批准，甲公司将在授予日按照权益工具的公允价值，将取得的服务计入相关资产成本或当期费用，同时计入负债。

（3）关于风险管理。甲公司有大量的浮动利率债务工具（银行借款和应付债券），为锁定利率变动产生的风险，公司针对5亿美元及30亿港元的浮息借款签署了相对应的利率互换合约（IRS），公司按照浮动利率向合约对手方收取利息，以向债权人支付其应收取的浮动利息，同时按照固定利率向合约对手方支付利息。IRS在相关美元及港元借款的期限和金额范围内，通过锁定远期利率，控制利率变动风险。据此，甲公司进行了如下套期会计处理：

①认为该套期满足运用套期会计准则规定的套期会计方法的条件。

②甲公司将该套期分类为现金流量套期。

（4）关于金融资产减值。截至2022年12月31日，甲公司应收款项账面余额为45亿元（根据《企业会计准则第14号——收入》规定不考虑不超过一年的合同中的融资成分），占期末资产总额的34.66%。为了提高资产质量，甲公司对该应收款项进行了如下减值处理：

①甲公司按照应收款项未来12个月内预期信用损失的金额计量其损失准备。

②信用损失的金额为企业应收取的应收款项原值与预期收取的现金之间的差额。

（5）关于金融资产转移。甲公司对持有的部分金融资产，进行了如下处理：

①甲公司将收到的银行承兑汇票向中国银行贴现，取得贴现资金5 000万元。甲公

司与中国银行约定，在票据到期日无法从承兑银行收到票据款时，中国银行无权向甲公司追偿。据此，甲公司终止确认了该商业汇票，并将收到的价款与商业汇票账面价值的差额计入了当期损益。

②甲公司将一项债权投资出售给 A 公司，同时与该公司签订了看跌期权合约，但从合同条款判断，该看跌期权是一项重大价内期权。据此，甲公司终止确认了该债权投资，并将收到的价款与该债权投资账面价值的差额计入当期损益。

假定不考虑其他因素。

要求：

1. 根据资料（1）中的事项①，判断对永续债的分类是否正确；如不正确，请说明理由。

2. 根据资料（1）中的事项②，判断对优先股的分类是否正确；如不正确，请说明理由。

3. 根据资料（2）中的事项①，判断首次授予限制性股票数量是否存在不当之处；如存在不当之处，请说明理由。

4. 根据资料（2）中的事项②，判断预留限制性股票数量是否存在不当之处；如存在不当之处，请说明理由。

5. 根据资料（2）中的事项③，判断授予日的会计处理是否正确；如不正确，请说明正确的会计处理。

6. 根据资料（3）中的事项①，说明运用套期会计准则中规定的套期会计方法应满足哪些条件？

7. 根据资料（3）中的事项②，判断套期的分类是否正确；如不正确，请说明正确的处理。

8. 根据资料（4），分别判断事项①～②会计处理是否正确；如不正确，请说明理由。

9. 根据资料（5），分别判断事项①～②会计处理是否正确；如不正确，请说明理由。

案例分析题九（本题 20 分）

甲单位是一家中央级事业单位，甲单位总会计师组织召开工作会议，财务处、内审处、资产管理处等职能部门参加会议，研究讨论有关预算管理、政府采购、资产管理、内部控制等问题。会议研讨中涉及的部分有关情况如下：

（1）在预算绩效管理方面。内审处对甲单位预算绩效管理工作检查中，关注到如下事项：

①按照"谁批复预算，谁批复目标"的原则，财政部和主管部门在批复甲单位年初部门预算时，一并批复了绩效目标。绩效目标确定之后，甲单位预算执行中因疫情防控原因确实无法实现的，按照绩效目标管理要求和预算调整流程进行了报批。

②在设定了绩效目标后，甲单位对绩效目标实现程度和预算执行进度实行"双监控"，监控内容包括预算执行中违纪违规情况、"三公"经费使用情况、为民办事的满意度情况等热点问题，发现问题及时纠正，确保绩效目标按期保质实现。

（2）在资产管理方面。甲单位在国有资产管理中发生了如下部分经济事项：

①甲单位在开展业务中与 C 公司发生了经济纠纷，C 公司已起诉至法院。经法院判决，甲单位应以一块土地赔偿 C 单位损失。据此，甲单位采取了如下做法：经友好协商，该土地在未经评估情况下，作价 890 万元进行了赔偿。

②甲单位为了提高资产使用效率，对一台进口的高价值设备（固定资产原值 4 600 万元）拟向社会开放，向使用者按使用时间和使用强度适当收取使用费。据此，甲单位采取了如下做法：经单位领导班子研究决定，并经主管部门审批后，在 12 日内报财政部进行了备案，于 3 月 15 日起正式对外开放。

（3）在预算管理方面。目前经济形势面临持续下行状态，财政资金比较紧张，甲单位在预算管理方面采取了下列措施：

①甲单位编制收入预算时留有余地，没有把握的收入项目和数额，不列入预算，以免收入不能实现时造成收小于支。预算支出优先保证基本支出，项目支出预算做到量力而行。

②由于疫情持续高发，甲单位决定临时加大疫情防控科研投入力度，增加项目支出预算，新增相关科研项目。据此，甲单位经领导班子集体研究决定，在一级项目的支出控制数规模内，通过替换二级项目，调整相关预算，将相关紧急项目列入预算，并责成相关人员加紧实施，服务国家需要，满足时代要求。

③按照预算管理一体化要求，全部预算支出应以预算项目的形式纳入项目库，进行全生命周期管理。项目库管理一般包括项目登记、项目入库、项目整合、项目变更、项目公示等预算管理功能。

（4）在政府采购方面。甲单位为有力支持各项专业活动的顺利开展，在政府采购方面采取了如下做法：

①甲单位通过确定供应商资格条件、设定评审规则等措施，落实支持创新、绿色发展、中小企业发展等政府采购政策功能。尤其重视将业绩情况作为供应商资格条件，要求供应商提供的同类业务合同不少于 5 个，凸显了尊重业绩的价值导向。

②甲单位在实施预算管理一体化过程中，需要采购 D 公司已列入《政府采购自主创新产品目录》中的货物和服务。D 公司围绕 5G、大数据、云计算、物联网、人工智能等新一代信息技术的应用，为客户提供 5G 前传解决方案、智能预算解决方案、在线监测解决方案、数据中心解决方案、高性能运算解决方案等。但因自主创新产品价格居高不下超出采购预算，甲单位被迫寻求创新产品目录外的低价产品作为解决方案。

（5）在内部控制方面。甲单位对内部控制工作十分重视，根据本单位实际情况确定了内部控制监督检查的方法和范围，规定每季度检查 1 次，并指定内部控制牵头部门（财务处）作为内部监督的实施主体。

假定不考虑其他因素。

要求：

1. 分别判断资料（1）中事项①～②的做法是否存在不当之处；对存在不当之处的，分别说明理由。

2. 分别判断资料（2）中事项①～②的做法是否存在不当之处；对存在不当之处的，分别说明理由。

3. 分别判断资料（3）中事项①～③的措施是否存在不当之处；对存在不当之处的，分别说明理由。

4. 分别判断资料（4）中事项①～②的做法是否存在不当之处；对存在不当之处的，分别说明理由。

5. 判断资料（5）中甲单位内部监督的做法是否存在不当之处；如存在不当之处，请说明理由。

2023 年度高级会计资格
《高级会计实务》全真模拟试题（三）

案例分析题一（本题 10 分）

临海公司是一家国有大型企业集团。2021 年初，公司总部召开战略发展研讨会，邀请了公司管理团队核心成员共同参与。在会议上，核心领导成员发言要点如下：

（1）总经理：尽管宏观经济整体情况比较严峻，但目前本公司却获得了难得的发展机遇：公司现有核心产品和服务得到市场的高度认可，产品市场占有率快速提升。但现有市场趋于饱和，公司应加快在全国市场布局，进一步扩展现有核心产品的市场覆盖度；与此同时，公司应加大新产品开发力度，提高研发投入。

（2）财务总监：公司 2020 年末有关资产负债表（简表）项目及其金额如下表所示。

2020 年末有关资产负债表（简表）　　　　　　　　　　单位：亿元

资产		负债与所有者权益	
现金	2	短期借款	8
应收账款	8	长期借款	12
存货	6	实收资本	4
非流动资产	13	留存收益	5
合计	29	合计	29

公司营销部门预测，2021 年公司营业收入将在 2020 年 20 亿元的基础上增长 30%。财务部门根据分析认为，2021 年公司销售净利率（净利润/营业收入总额）能够保持在 10% 的水平；公司营业收入规模增长不会要求新增非流动资产投资，但流动资产、短期借款将随着营业收入的增长而相应增长。公司计划 2021 年外部净筹资额全部通过长期借款解决。公司每年现金股利支付率应当维持在当年净利润 80% 的水平。为控制

财务风险，公司拟定的资产负债率"红线"为 75%。以上分析假定不考虑其他有关因素。

（3）产品总监：公司现有 A、B、C 三类产品的生产和销售。这些产品的有关市场数据见下表。假设市场增长率和相对市场占有率分别以 10% 和 1 作为判断高低的界限标准。

2020 年市场销售数据

产品	A	B	C
公司销售额（万元）	2 600	8 800	14 500
最大竞争对手销售额（万元）	4 200	22 000	11 000
全国市场销售总额（万元）	32 000	84 000	64 000
近年全国市场增长率（%）	13	6	1

要求：

1. 由总经理的发言判断公司所采用的发展战略。

2. 根据财务总监的描述，按照销售百分比法分别计算公司 2021 年为满足营业收入增长 30% 所需要的流动资产增量和外部净筹资额。

3. 判断财务总监提出的外部净筹资额全部通过长期借款筹集的筹资战略规划是否可行，并说明理由。

4. 按照产品总监的论述，用波士顿矩阵分析公司的 A、B、C 三类产品分别属于何种产品？请给出判断依据。

案例分析题二（本题 15 分）

甲公司是一家经营高精尖制造设备的高新技术企业。近年来甲公司管理层十分重视预算管理和绩效评价工作。2021 年，甲公司开展全面预算管理工作动员会，会上董事长做动员报告，主要强调了全面预算管理的重要性和内容。其他主要人员发言如下：

（1）财务部部长发言说："我认为专项预算和财务预算很有必要，但财务部门人手有限，业务预算涉及面广，编制过程比较复杂，因此应该关注关键业务和项目，非关键的业务和项目不必编制预算。"

（2）人力资源部部长发言说："我们单位引入预算管理之后，最大的好处就是能够运用预算管理工具对各部门领导和员工的业绩进行考核。"

（3）企管部部长发言说："公司应该在预算管理委员会下增设预算管理办公室，负责编制完成年度全面预算草案。然后将该草案报经预算管理委员会审核通过，即可向各预算单位下达执行。"

（4）财务部部长发言说："我公司计划以过去三年的合并利润总额为依据，确定算术平均增长率，在此基础上增加 5 个百分点作为目标增长率。根据目标增长率和 2021 年预计合并利润总额确定 2022 年目标利润。从财务报告可知，我公司 2018 年、2019 年、2020 年的合并利润分别为 1 600 万元、1 810 万元、2 400 万元，2021 年预计合并利润为 2 800 万元。"

（5）人力资源部部长发言说："集团给我公司规定的资本成本率是 6%，经测算，2022 年的平均资本占用额为 5 亿元。"

假如不考虑其他因素。

要求：

1. 根据资料（1），指出财务部部长的表述是否恰当；如不恰当，请说明理由。

2. 根据资料（2），指出人力资源部部长的说法是否恰当；如不恰当，请说明理由。

3. 根据资料（3），指出企管部部长的说法是否有不妥之处；如有不妥之处，请说明理由。

4. 根据资料（4），计算甲公司 2022 年度利润目标。

5. 根据资料（5），判断甲公司 2022 年的基于经济增加值的业绩情况。

案例分析题三（本题 15 分）

甲公司为上海证券交易所上市公司，从事工程机械的研发、制造、销售和服务，公司产品市场需求受国家固定资产和基础设施建设投资规模的影响较大，下游客户为基础设施、房地产等投资密集型行业，这些行业与宏观经济周期息息相关。面对新冠肺炎疫情导致的不利局面，为了控制经营风险，确保公司持续稳定发展，甲公司要求加大风险管理和内部控制部门的工作力度。下面是甲公司有关风险管理与内部控制部分事项：

（1）甲公司在风险管理中，将内部控制与风险管理进行整合，通过目标设定、风险识别、风险分析和风险应对，实现有效的风险管理。在目标设定环节，由公司经理层确定风险偏好，并在此基础上设定风险容忍度，通过制定程序使各项目标与企业的使命相协调。

（2）由于新冠肺炎疫情导致经济下行，固定资产投资减少，甲公司销售出现困难。为了完成规定的经营目标，甲公司提高了赊销比重，产生了大量的应收账款。为此，甲公司根据历史经验总结的坏账率，按照预期损失法计提了相应的坏账准备。

（3）甲公司内部审计部门成立了内部控制评价工作小组，在内部控制评价中发现如下事项：

①关于企业文化控制。甲公司是国内知名的工程机械制造商，部分产品荣获国家科技进步二等奖。甲公司在经营中培育积极向上的道德价值观和社会责任感，公司董事、监事、经理和其他高级管理人员在塑造良好的企业文化中发挥了关键作用。

②关于投资活动控制。甲公司为了保持工程机械领域的领先地位，拟投入 10 亿元

从德国引进先进生产线，进行"起重机械工程"二期建设。为此，公司董事会下设的投资与决策委员会对该投资项目从投资目标、规模、方式、资金来源、风险与收益等方面作出了客观评价，经董事长批准，决定于 2023 年 10 月开始实施这一重大工程项目。

③关于筹资活动控制。甲公司为筹集项目所需资金，除 2 亿元来自自有资金外，拟发行可转换公司债券融入 8 亿元解决资金缺口。该债券面值 8 亿元，平价发行，5 年期，票面利率 2%，发行时与之相类似的没有转换权利的债券实际利率为 5%。本筹资方案经公司董事会审议通过后，已经获得临时股东大会批准。甲公司对于该笔筹集的资金，按照规定取得和填制了原始凭证；鉴于事项重大，对凭证进行了单独编号，而没有与其他凭证一起进行连续编号；按照《会计法》和国家统一的会计准则制度的要求编制、报送、保管了财务会计报告。

（4）甲公司有关内部控制评价部分情况如下：

①甲公司董事会认为，内部控制评价既要评价内部控制设计的有效性，也要评价内部控制运行的有效性；按照对控制目标的影响程度，内部控制缺陷可以分为重大缺陷、重要缺陷和一般缺陷。

②内部控制评价报告经公司经理层批准后按要求进行了披露。

（5）A 会计师事务所接受甲公司的委托，为甲公司出具内部控制审计报告。注册会计师按照自上而下的方法实施了审计工作，认定了若干财务报告内部控制一般缺陷和重要缺陷，并认为这些缺陷单独或组合起来，不构成重大缺陷；也未发现非财务报告重大缺陷。为此，A 会计师事务所出具了在内部控制评价基准日财务报告内部控制和非财务报告内部控制整体有效的结论。

假设不考虑其他因素。

要求：

1. 根据资料（1），指出甲公司在目标设定环节是否存在不当之处；如果存在不当之处，请说明理由。

2. 根据资料（2），指出甲公司对应收账款进行风险管理采用的是何种风险应对策略。

3. 根据《企业内部控制基本规范》及其配套指引，请逐项指出资料（3）中事项①～③是否存在不当之处；对存在不当之处的，说明理由。

4. 根据《企业内部控制基本规范》及其配套指引，逐项指出资料（4）中事项①～②是否存在不当之处；对存在不当之处的，说明理由。

5. 根据《企业内部控制基本规范》及其配套指引，指出资料（5）中是否存在不当之处；对存在不当之处的，说明理由。

案例分析题四（本题 10 分）

截至 2021 年末，甲公司每股收益为 2 元，市盈率为 20 倍，发行在外股份共计 100

万股；乙公司每股收益为 1 元，市盈率为 10 倍，发行在外股份共计 80 万股。

甲公司拟并购乙公司 100% 股份。经过友好协商谈判，乙公司的股东同意以每股 11.25 元的价格成交。甲公司以向乙公司原股东定向增发股份方式支付并购对价。考虑到并购带来的协同效应价值，预计并购完成后甲公司的股权价值约为 5 100 万元。并购中发生谈判费用 50 万元、法律顾问费 30 万元、其他固定费用 10 万元。

要求：

1. 运用市盈率法计算甲、乙两公司的股权价值。

2. 计算此次并购对价支付中的换股比例。

3. 计算并购收益和并购净收益，并依据并购净收益作出甲公司是否应并购乙公司的判断。

案例分析题五（本题 10 分）

甲公司为一家衬衫制造企业，主要生产男、女两个系列的标准化产品，市场竞争非常激烈。甲公司在过去的经营中采用成本加成定价和成本领先策略，计划在 2022 年进行一轮全面的市场调查，理顺价格体系，优化内部流程，增强竞争力。甲公司拟通过推行战略成本管理使企业获得可持续的竞争优势，相关资料如下：

（1）由于甲公司自动化程度的提高，甲公司制造费用占生产成本的比重越来越大，人工成本比例逐渐缩小，以前按照人工工时分配制造费用的单一分摊标准对产品成本计算结果是一种扭曲。甲公司自 2021 年开始试行作业成本法核算和管理。2021 年 6 月份的数据显示，按照传统成本核算法，男、女两个系列产品的单位产品分摊的制造费用分别为 20 元和 14 元。但是根据作业成本法核算结果，男衬衫的单位产品分摊制造费用为 15 元，女衬衫为 19 元。

（2）假如男、女衬衫单位产品的原材料标准分别为每件 20 元和 25 元，实际成本分别为 21 元和 24 元。而两个系列产品的人工标准成本均为 6 元，实际成本分别为 5.5 元和 6 元。经分析发现，甲公司严格按照《中华人民共和国劳动法》计算发放员工薪酬，绩效工资部分占工资总额的比例不具有重要性。

（3）根据市场调查结果，男、女衬衫的可接受价格分别为 80 元和 100 元。股东认可的目标销售成本率为 40%。

假设不考虑其他因素（固定费用中没有非生产性变动成本）。

要求：

1. 请根据资料（1）、（2），指出应以哪种成本核算结果作为盈利能力决策的依据并说明原因。计算男、女衬衫的实际成本。

2. 请根据资料（2），计算并指出男、女衬衫原材料成本出现超支的金额。计算采用变动成本法的前提下，男、女衬衫的生产成本分别是多少？

3. 根据资料（1）~（3），计算男、女衬衫的单位产品目标成本，以及在目前的情况下，单位产品成本的优化空间是多少？

4. 请根据资料（2）、（3），计算男、女衬衫的单位边际贡献。

案例分析题六（本题 10 分）

甲单位为一家中央级事业单位，从事科技型、基础性、先导性社会公益事业。为贯彻落实党中央、国务院决策部署，加快推进事业单位高质量发展，甲单位开展了部门预算管理、政府采购、国有资产管理、预算绩效管理等检查工作。在检查中注意到如下事项：

（1）随着高性能计算机的广泛应用，甲单位决定设立《全球高分辨率模式的对流及其与云微物理相互作用的参数化方案研发》科研项目，本项目通过分析观测资料和云模式输出，评估并改进对流促发函数和对流闭合条件。为此，甲单位采取了如下做法：①项目支出预算符合三个特征，即专项性、独立性、完整性，在此基础上确定的项目支出预算为 480 万元；②在执行项目过程中，由于部分材料价格上涨，导致项目难以完成，甲单位经研究决定，将"高时空分辨率的草原火险与灾损评估关键技术"项目经费 80 万元调整到本项目。

（2）甲单位按照财政部要求，认真落实预算管理一体化建设。预算管理一体化建设旨在运用系统化思维和信息化手段推动深化预算管理制度改革，全面提升各级预算管理规范化、科学化和标准化水平，充分发挥财政在国家治理中的基础作用。为此，甲单位采取了如下做法：①预算管理一体化系统集中反映单位基础信息和预算管理、资产管理、账户管理、绩效管理等预算信息；②项目库管理是预算管理的基础，项目库管理一般包括项目登记、项目入库、项目整合、项目变更、项目公示等预算管理功能。全部预算支出应以基本支出预算的形式，进行全生命周期管理。

（3）甲单位属于网络化基础设施建设实施单位，通过应用新技术形成新的管理模式，在政府采购中采取创新采购方式进行采购。为此，甲单位采取了如下做法：①甲单位与首购产品供应商 D 公司签订了为期 2 年的创新产品购买合同；②甲单位在政府采购合同签订之日 15 天后，及时将合同副本报同级政府采购监管部门进行了备案。

（4）甲公司有一台闲置仪器，该仪器账面原值 1 020 万元，已计提折旧 800 万元。为了提高资产使用效率，甲单位采取了如下做法：①经甲单位领导班子批准，将其出租给某核酸检测中心；②协议签订的租期为 6 年；③每年收取租金 250 万元，甲单位将租金纳入单位预算，统一核算、统一管理。

假定不考虑其他因素。

要求：

1. 根据资料（1），分别判断事项①～②甲单位的做法是否存在不当之处；存在不当之处的，请说明理由。

2. 根据资料（2），分别判断事项①～②甲单位的做法是否存在不当之处；存在不当之处的，请说明理由。

3. 根据资料（3），分别判断事项①～②甲单位的做法是否存在不当之处的，请说明理由。

4. 根据资料（4），判断事项①～③甲单位的做法是否存在不当之处；存在不当之处的，请说明理由。

案例分析题七（本题 10 分）

甲集团是中国第一个恢复建设的大型钢铁联合企业集团。为了提升财务集约化水平，采取了建设财务共享服务中心的计划。资料如下：

（1）甲集团的组织架构中，财务运营部是集团总部的一个业务部门。财务共享中心是集团的一个直属机构，设有 7 个部门，包括总账报表部、应收结算部、应付结算部、费用报销部、统计结算部、运营管理部、综合管理部。

（2）甲集团建设财务共享服务中心面临的环境是业务流程多、基础工作量大，在中国东北、华北、西南、东南、华南等地拥有 7 个各具特色的生产基地，并掌握着澳洲等地丰富的铁矿资源。产品覆盖 60 多个国家和地区，包括 26 家境外公司及机构、500 多家境内外客户及合作伙伴。各分支机构都设置自有的财务部门，虽然执行企业会计准则，但各自都建立了独立的会计信息系统，财务处理的自动化水平差异大。

（3）甲集团在完成了第一期财务共享中心建设之后，计划进一步建设智能财务共享中心，引入智能化技术，开发开票机器人、收单机器人、对账机器人等一系列财务机器人，提高财务审核效率。

假设不考虑其他因素。

要求：

1. 根据资料（1），指出甲集团财务共享中心和财务管理部门之间的关系，并说明理由。

2. 根据资料（2），指出财务共享服务有别于传统的企业集团财务组织结构的特点。

3. 根据资料（3），指出甲集团计划采用的新技术是什么？对财务共享服务有哪些影响，并指出其优点有哪些。

案例分析题八（本题 20 分，第八题、第九题为选答题，考生应选其中一题作答）

甲单位为一家中央级行政单位，乙科研院为甲单位下属事业单位，均已实行国库集中支付制度。为了提高精细化管理水平，甲单位内审部门对甲单位本级及下属乙单位预算执行、资产管理、内部控制、政府采购、预算绩效管理等情况进行了检查。甲单位内审部门在检查中发现了如下事项：

（1）甲单位响应中央号召，2022 年加大了"精细化管理"力度，增加了较大的工作量。为此，需要增人增编并增加基本支出。甲单位在安排预算资金时，优先保障单位基本支出的合理需要，保证各部门日常工作的正常运转。

（2）甲单位为了对全国业务进行联网管理，决定建设"全国信息中心大楼"，该基本建设项目经批准的总投资预算为 3.5 亿元，项目于 2022 年 4 月 5 日完工，实际投入资金 3.48 亿元，项目结余资金 200 万元。甲单位为了把精细化管理工作做得更好，经集体研究决定，将基本建设结余资金 200 万元用于"数字化转型研究"项目。

（3）甲单位全国信息中心大楼完工后，对"信息处理云端设备"一期项目进行了政府采购。经公开招标评标委员会评议，境内丙设备制造商中标，合同标的金额为 2 000 万元。甲单位要求丙公司提交履约保证金 300 万元，丙公司于 4 月 18 日以支票提交了履约保证金。

（4）乙单位因培训中心位置比较偏僻，决定进行处置，发生了如下事项：①培训中心固定资产原值 2 800 万元，经单位领导集体研究决定并经主管部门备案后，将其转让以盘活资产；②乙单位通过合作关系聘请有相应资质的资产评估机构进行了评估，该评估报告已经财政部、主管部门核准，评估价值为 3 000 万元；③5 月 8 日，A 公司通过相应公共资源交易平台，与乙单位初步商定的转让价格为 2 500 万元。

（5）乙单位 5 年前支付 3 000 万元投资于 B 公司，持有 B 公司 50% 的股权。6 月 10 日，乙单位经上级主管部门审核报财政部当地监管局审核同意，并由主管部门报财政部批准后，将该股权以 3 800 万元转让给 B 公司的另一股东。乙单位收取现金转让款后，将股权转让收入纳入单位预算，统一核算、统一管理。

（6）乙单位十分重视绩效管理，把疫情防控作为绩效评价的重要内容，强调绩效目标是部门预算安排的重要依据，凡是未按要求设定绩效目标的项目支出，不得纳入项目库管理，也不得申请部门预算资金。按照"谁申请资金，谁设定目标"的原则，绩效目标由主管部门及本单位根据实际情况进行设定。

（7）乙单位为了反映本单位年度资产占有、使用、变动等情况，要求在做好日常财务管理、会计核算的基础上，在年度终了，对重要资产进行盘点，完善资产卡片数据，编制国有资产报告，并按照财务隶属关系逐级上报。

（8）乙单位坚持执行政府采购制度，提高财政性资金和国有资产的使用效益。为此，在政府采购方面采取了如下做法：

①因采购一项技术复杂的服务项目，事先无法确定具体要求，乙单位采用了竞争性磋商方式进行采购。

②乙单位于 4 月 1 日发出竞争性磋商文件，规定响应文件提交的截止日期为 4 月 8 日。

③乙单位按规定成立了磋商小组积极推进相关工作，经磋商确定最终采取需求和提交最后报价的供应商后，由磋商小组采用综合评分法对提交最后报价的供应商的响应文件和最后报价进行了综合评分，并按照评审得分由低到高顺序推荐了 2 名成交候选供应商。

（9）乙单位经发展改革部门安排资金，下年拟建设"环境实时预警系统"重点工程，该工程项目计划投资 8 000 万元。乙单位在进行政府收支分类时，按政府支出功能分类，列入了"一般公共服务支出"；按支出经济分类，列入了"资本性支出（发展改革部门安排的基本建设）"。

假设不考虑其他因素。

要求：

根据部门预算管理、国有资产管理、政府采购、预算绩效管理、政府会计准则制度的相关规定，回答下列问题：

1. 根据资料（1），判断甲单位的处理是否正确；如不正确，请说明理由。

2. 根据资料（2），判断甲单位的处理是否正确；如不正确，请说明理由。

3. 根据资料（3），判断甲单位的处理是否正确；如不正确，请说明理由。

4. 根据资料（4），分别判断事项①～③的处理是否正确；如不正确，请说明理由。

5. 根据资料（5），判断乙单位的处理是否正确；如不正确，请说明理由。

6. 根据资料（6），判断乙单位的处理是否正确；如不正确，请说明理由。

7. 根据资料（7），判断乙单位的处理是否正确；如不正确，请说明理由。

8. 根据资料（8），分别判断事项①～③的做法是否正确；如不正确，请说明理由。

9. 根据资料（9），判断乙单位的处理是否正确（分别支出功能分类和经济分类）；如不正确，请说明理由。

案例分析题九（本题 20 分）

甲公司是一家生产和销售新能源照明产品的股份有限公司，为了提高资金使用效率，甲公司开展了金融工具业务。下面是相关业务及其会计处理情况：

（1）2022 年 7 月 1 日，甲公司支付 2 000 万元购入某公司当日发行的普通债券，企业管理金融资产的业务模式是以收取合同现金流量为目标，甲公司将其分类为以摊余成本计量的金融资产。

在当年年末，经评估甲公司该债券信用风险并未显著增加，甲公司按照相当于该金融工具整个存续期内预期信用损失的金额计量其损失准备，并将减值损失计入了当期损益。

（2）甲公司从二级市场购入万科公司发行的 5 年期普通债券，成本 5 000 万元，其管理该债券的业务模式为既以收取合同现金流量为目标又以出售为目标，甲公司将该债券分类为以公允价值变动计入其他综合收益的金融资产。甲公司将该债券公允价值变动（浮盈）100 万元计入其他综合收益，并在处置该债券终止确认金融资产时将其他综合收益转入了当期损益。

（3）2022 年，甲公司由于未来极可能购进生产照明产品的原材料，进行了买入套期保值，并将该套期分类为公允价值套期。

（4）2022 年 1 月 1 日，甲公司为其研发中心 200 名专业人员每人授予 10 万份现金股票增值权，这些职员从 2022 年 1 月 1 日起在该公司连续服务 3 年，即可按照当时股价的增长幅度获得现金。该增值权应在 2028 年 12 月 31 日之前行使。甲公司在 2022 年 12 月 31 日将受益专业人员提供的服务计入成本费用，计入成本费用的金额取决于资产负债表日的股票价格。

（5）2022 年 12 月 1 日，甲公司发行了一项年利率为 4.6%、无固定还款日期、可自主决定是否支付利息的不可累积永续债。甲公司规定了如下合同条款：①该永续债嵌入了一项看涨期权，允许甲公司在发行第 5 年及之后以面值回购该永续债；②如果甲公司在第 5 年年末没有回购该永续债，则之后的票息率增加至 5.6%，该利率不超过同行业融资利率平均水平；③该永续债票息在甲公司向其普通股股东支付股利时必须支付，甲公司根据相应的议事机制能够自主决定普通股股利的支付；该公司发行该永续债之前多年均支付普通股股利。据此，甲公司将该永续债分类为金融负债。

（6）2022 年 12 月 10 日，甲公司将其持有的一笔国债给丁公司，售价为 5 000 万元。同时，甲公司与丁公司签订了一项回购协议，1 年到期时由甲公司将该笔国债购回，回购价为 5 400 万元。据此，甲公司终止确认了该笔国债，并将收到的价款与国债账面价值的差额计入了当期损益。

假定不考虑其他因素。

要求：

1. 根据资料（1），判断甲公司计提减值的会计处理是否正确；如不正确，请说明理由。

2. 根据资料（2），判断甲公司购入债券的后续计量会计处理是否正确；如不正确，请说明理由。

3. 根据资料（3），分别判断甲公司开展的原材料套期保值业务的处理中，套期保值方式、套期分类是否正确；如不正确，请说明理由。

4. 根据资料（4），针对甲公司的股份支付业务，判断其在 2022 年的会计处理是否正确；如不正确，请说明理由。

5. 根据资料（5），判断甲公司对发行永续债的分类是否正确；如不正确，请说明理由。

6. 根据资料（6），判断甲公司对出售国债终止确认是否正确；如不正确，请说明理由。

2023 年度高级会计资格
《高级会计实务》全真模拟试题（四）

案例分析题一（本题 15 分）

甲公司为一家境内上市的集团企业，主要从事能源电力及基础设施建设与投资。2020 年初，甲公司召开 X、Y 两个项目的投融资评审会。有关人员发言要点如下：

（1）能源电力事业部经理：X 项目作为一个煤炭发电项目，初始投资额为 5 亿元。经测算，当贴现率为 5% 时，该项目净现值为 2.4 亿元；当贴现率为 7% 时，该项目净现值为 1.5 亿元；当贴现率为 10% 时，该项目净现值为 −0.5 亿元；当贴现率为 11% 时，项目净现值为 −1.5 亿元。

（2）基础设施事业部经理：Y 项目为一个地下综合管廊项目。该项目预计投资总额为 20 亿元（在项目开始时一次性投入）；运营期结束后，该项目无偿转让给当地政府，净残值为 0。该项目前期市场调研时已支付中介机构咨询费 0.05 亿元。事业部经理经过详细测算，得到项目净现值为 0.04 亿元。考虑到前期已经支付的机构咨询费用，因此事业部经理认为应该拒绝该项目投资。

（3）财务部经理：目前，Y 项目已通过环保审核，X 项目由于涉及火力发电，空气污染问题将影响公司获得环保审批手续。建议今年如果实施这两个项目，可采用定向增发普通股方案。目前公司有意对 12 名发行对象定向发行股票，未来可将这两个项目纳入募集资金使用范围。

（4）财务总监：针对 X 项目，建议采用公司综合资本成本为贴现率，确定相应的净现值；此外，为进一步强化集团资金集中管理、提高集团资金使用效率，公司计划年内成立财务公司。财务公司成立之后，公司可以借助这个金融平台，一方面支持 2020 年投资计划及公司"十三五"投资战略的实施；另一方面为集团内、外部单位提供结算、融资等服务，为集团培育新的利润增长点。财务公司将采用收支一体化模式运营。

（5）总经理：目前的 X 项目与 Y 项目，都涉及较高的碳排放问题。目前从国家绿色低碳发展的趋势来看，这类不符合国家发展大方向的投资不仅耗资高，未来也将成为公司发展的包袱。评判投资项目不能够完全从财务角度出发，而是要关注长期战略发展。目前，公司应逐步从火电业务领域收缩项目投资，同时通过收购的方式逐步储备清洁能源发电项目，从而为公司未来发展布局。

假定不考虑其他因素。

要求：

1. 根据资料（1），估算出 X 项目内含报酬率的最小可能范围。

2. 根据资料（2），指出基础设施事业部经理的分析是否合理；如不合理，请说明理由。

3. 根据资料（3），指出具体的融资方式，其缺点有哪些，同时分析财务部经理的论述中存在哪些不合理之处，并说明理由。

4. 根据资料（4），指出财务总监提出采用综合资本成本作为贴现率是否合理；如不合理，请说明理由。

5. 根据资料（4），指出财务总监关于财务公司的论述是否合理，收支一体化模式的运作机理包含哪些？

6. 根据资料（5），总经理认为公司应采用何种发展战略（含细分战略）？

案例分析题二 （本题 10 分）

甲公司为一家在深圳证券交易所上市的汽车零部件生产企业。近年来，由于内部管理不善和新冠肺炎疫情的影响，公司经营成本不断上升，业绩持续下滑。为实现提质增效目标，甲公司决定从 2020 年起全面深化预算管理和成本管理，有关资料如下：

（1）全面预算管理。

①在预算编制方式上，2020 年之前，甲公司直接向各预算单位下达年度预算指标并要求严格执行；2020 年，甲公司制定了"两上两下"的新预算政策编制流程，各预算单位主要预算指标经上下沟通后形成。

②在预算编制方法上，2019 年 10 月，甲公司向各预算单位下达了 2020 年度全面预算编制指导意见，要求各预算单位以 2019 年度预算为起点，根据市场环境等因素的变化，在 2019 年度预算的基础上合理调整形成 2020 年度预算。

③在预算审批程序上，2020 年 2 月，甲公司预算管理委员会办公室编制完成 2020 年度全面预算草案；2020 年 3 月，甲公司董事会对经预算管理委员会审核通过的全面预算草案进行了审议；该草案经董事会审议通过后，预算管理委员会以正式文件形式向各预算单位下达执行。

④在预算调整程序上，2020 年 8 月，甲公司下属的国内业务事业部和国际业务事业部分别以新冠肺炎疫情影响为理由提出了预算调整书面申请，在申请中主要分析了调整的理由。预算管理委员会在收到申请之后，在授权范围内分别批准同意了两部门预算调整的申请。

（2）成本管理。生产部部长说："我厂每个分厂负责不同型号的产品制造，每种型号的产品都需要不同的模具进行制造，因此模具制造成本很高。建议重新设计产品，考虑模具的通用性，减少零件种类数，从而降低模具制造作业的资源消耗。"

铸造分厂厂长说："我厂的化铁作业化出一吨铁水的焦炭用量比行业平均水平高出30%，增加了成本。通过逐项排查与分析发现，造成焦炭用量偏高的原因是通风口设计不合理，为此我厂需要进行技术改造降低不合理资源消耗。"

假定不考虑其他因素。

要求：

1. 根据资料（1）中的事项①，指出甲公司2020年之前以及2020年分别采取的预算编制方式类型。

2. 根据资料（1）中的事项②，指出甲公司全面预算编制指导意见所体现的预算编制方法类型，并说明该种预算编制方法类型的优缺点。

3. 根据资料（1）中的事项③，指出甲公司全面预算草案的审议程序是否恰当；如不恰当，请说明理由。

4. 根据资料（1）中的事项④，指出甲公司下属机构提出的预算调整理由和程序运用是否恰当；如不恰当，请说明理由。

5. 根据资料（2），请指出生产部部长的建议是否合理；如不合理，请说明理由。

6. 根据资料（2），指出铸造分厂厂长在成本分析中运用了何种战略成本管理方法？其建议是否有不妥之处？

案例分析题三（本题15分）

甲公司为一家上海证券交易所主板上市公司，主要经营机电设备、电子设备及零部件、电子电器及环保设备产品的研发、设计、制造、修理、销售、租赁与技术服务等。2023年初，甲公司决定根据《企业内部控制基本规范》、配套指引及风险管理等有关规定，对内部控制和风险管理体系进行优化，并就此制定了2023年度内部控制和风险管理体系优化实施方案。该方案部分要点如下：

（1）加强风险管理。甲公司进行了如下风险管理工作：①甲公司风险管理目标是在确定企业风险偏好的基础上，将企业的总体风险和主要风险控制在企业风险容忍度范围之内。②通过风险识别发现，由于甲公司大量进口原材料，使得美元负债快速增加，产生了外汇汇率变动风险。③通过风险分析，甲公司意识到未来相当长的时间内，美元将处于升值通道，如果不采取措施，将使公司遭受重大的汇兑损失。④甲公司经研究，决定签订货币互换协议采用套期保值策略，对美元应付账款进行风险管理。

（2）突出控制重点。在全面控制的基础上，对重要事项和重要业务实施重点控制：①公司治理是现代企业关注的核心问题，主要解决公司所有者与经营者的代理问题、大股东与中小股东之间的代理问题、企业与其他利益相关者之间的关系问题。②所有新建工程项目，无论金额大小，均需要上报给公司董事会，由公司董事会作出统一审批。

（3）强化自我评价。甲公司内部控制评价部门将编制完成的内部控制评价报告报送经理层审定后对外进行了披露。

（4）加强外部审计。外部审计情况如下：①委托为公司提供年度财务报表审计服务的 A 会计师事务所实施年度内部控制审计工作，以 12 月 31 日为基准日，对财务报告内部控制的有效性发表意见。②在内部控制审计过程中，A 会计师事务所在对甲公司内部控制评价工作进行评估的基础上，充分利用甲公司内部控制评价人员所做的工作底稿，以便减轻注册会计师的审计责任。

假定不考虑其他因素。

要求：

1. 根据资料（1）中事项①，指出甲公司风险管理目标是否存在不当之处；如果存在不当之处，请指出不当之处，并说明理由。

2. 根据资料（1）中事项②，说明在风险识别中可采取哪些应用技术。

3. 根据资料（1）中事项③，指出按照风险的来源和范围分类，汇率变动风险属于何种风险？

4. 根据资料（1）中事项④，指出甲公司采取的是何种风险应对策略？

5. 根据《企业内部控制基本规范》及其配套指引等有关规定，逐项指出资料（2）中事项①~②是否存在不当之处；对存在不当之处的，分别说明理由。

6. 根据《企业内部控制基本规范》及其配套指引等有关规定，指出资料（3）中是否存在不当之处；对存在不当之处的，说明理由。

7. 根据《企业内部控制基本规范》及其配套指引等有关规定，逐项指出资料（4）中事项①~②是否存在不当之处；对存在不当之处的，分别说明理由。

案例分析题四（本题 10 分）

甲公司和乙公司为两家专业设备制造企业，适用的企业所得税税率均为 25%。甲公司的业务范围和客户主要集中在北方地区；乙公司的业务范围和客户主要集中在南方地区。两家公司所经营的产品类似，所不同的是甲公司完成了公开上市，从资本市场募集了大量的资金，而乙公司尚未上市，发展面临资金瓶颈。

2022 年 1 月，甲公司决定加大行业整合力度，着手筹备并购乙公司。并购双方经过多次沟通，于 2022 年 3 月最终达成一致意向。

甲公司准备收购乙公司 100% 股权，为此聘请资产评估机构对乙公司进行价值评估，评估基准日为 2021 年 12 月 31 日。资产评估机构采用收益法和市场法两种方法对乙公司价值进行评估。并购双方经协商，最终确定按市场法的评估结果作为交易的基础，并得到有关方面的认可。与乙公司价值评估相关的资料如下：

（1）2021 年 12 月 31 日，乙公司资产负债率为 60%，税前债务资本成本为 10%。假定无风险报酬率为 5%，市场投资组合的预期报酬率为 10%。可比上市公司负债经营 β 值为 1.40，平均负债率为 50%。

（2）乙公司2021年税后净利润为2亿元，其中包含本年度处置一项固定资产的税后净收益0.2亿元。

（3）2021年12月31日，可比上市公司平均市盈率为15倍。

假定并购乙公司前，甲公司股权价值为200亿元；并购乙公司后，经过内部整合实现预期中的协同效应，甲公司股权价值将增值至235亿元。

甲公司应支付的并购对价为30亿元。其中：70%部分以甲公司的增发股份支付；30%部分以现金支付。此外，本次并购还将发生相关交易费用约0.5亿元。

假定不考虑其他因素。

要求：

1. 分别从行业相关性角度、被并购企业意愿角度和对价支付形式角度，判断甲公司并购乙公司属于何种并购类型，并简要说明理由。

2. 计算用收益法评估乙公司价值时所使用的折现率。

3. 用可比企业分析法计算乙公司的价值。

4. 计算甲公司并购收益和并购净收益，并从财务管理角度判断该并购是否可行。

案例分析题五（本题10分）

甲公司是一家研发、生产和销售家用电器的制造型企业。公司2018年12月31日的股东权益总额为20亿元，负债总额为20亿元，资产总额为40亿元。2019～2022年，公司每年年初新增长期银行借款10亿元，年利率（税前）为5%，期限为10年，每年年末支付当年利息。

2019～2022年，公司实现的营业收入、净利润和息前税后利润，以及每年年末的股东权益、长期借款和资产总额如下表所示：

2019～2022年甲公司相关数据   单位：万元

项目	2019年	2020年	2021年	2022年
营业收入	100 000	200 000	350 000	500 000
净利润	2 000	6 000	12 000	16 000
利息费用	15 000	20 000	25 000	30 000
息前税后利润	14 000	22 000	32 000	40 000
股东权益	202 000	208 000	220 000	236 000
长期借款	300 000	400 000	500 000	600 000
资产总额	502 000	608 000	720 000	836 000

其他背景资料如下：

（1）公司适用的所得税税率为20%；公司股东权益的资金成本为10%。

（2）公司负债除长期银行借款外，其他均忽略不计；公司长期借款利息自 2019 年起计入当期损益。

（3）公司所在行业的有关指标如下：资产负债率为 50%；总资产周转率为 0.8 次；净资产收益率为 8%；销售增长率为 20%。

要求：

1. 计算 2019～2022 年的资产负债率、总资产周转率、净资产收益率和营业收入增长率，并简要分析公司的偿债能力、营运能力、盈利能力和发展能力。

2. 计算 2019～2022 年的平均资本占用、投资资本回报率、加权平均资金成本和经济增加值指标（有息债务资本期初即占用，利润假定平均计入净资产）。

3. 分析评价公司以会计利润最大化为核心的财务战略目标和以经济增加值最大化为核心的财务战略目标的实现情况。

案例分析题六（本题 10 分）

N 公司是一家大型交通投资集团，下设多种业态，由于资金结算涉及范围广，营业单位点多，分布地域广，且涉及跨省结算，于是计划建设资金财务共享服务中心以提升资金管理的效率。相关资料如下：

（1）N 公司资金财务共享服务中心隶属于公司总部，营运开支独立核算，对内对外独立收费，对公司领导和各项目成员提供咨询服务和财务管理建议；针对公司外部，公司致力于探索在交通行业内部输出财务咨询服务的可能。公司本部及所属各项目财务人员全部集中至中心办公，中心与总部资金财务部合署办公，各项目不再派驻财务人员，共享服务中心涵盖了公司总部及项目所有财务职能，项目不再设置财务机构和财务人员。

（2）针对上述资金财务共享服务模式的情况，N 公司财务总监认为这种方式和财务集中管控没有什么区别，并不是财务共享服务模式。

（3）关于资金财务共享服务中心的选址问题，N 公司行政部总经理认为，考虑办公室、交通、电信设施等基础设施因素即可。

（4）关于 N 公司财务共享服务中心建设的战略定位，总经理认为，第一，要统一核算流程，提高会计核算的质量和效率；第二，要优化财务人员结构，降低财务管理费用；第三，要实现资金集中核算，监控资金支付风险，提高风险管控能力；第四，要提高公司数字化、智能化水平。

（5）信息中心总经理认为，随着财务共享服务中心的投入运营，企业的数据量积累越来越雄厚，计算机系统的强大计算能力正在形成。希望财务共享服务中心可以运用大数据技术。

要求：

1. 根据资料（1），按照财务共享的不同标准指出该资金财务共享服务中心属于何种类型。

2. 根据资料（2），指出财务总监的说法是否恰当；如不恰当，请说明理由。

3. 根据资料（3），指出进行财务共享服务中心选址还应该关注哪些因素？

4. 根据资料（4），指出总经理关于财务共享服务中心的战略定位是否恰当，并列举常见的建设目标。

5. 根据资料（5），指出大数据分析和数据可视化的特点及其对财务共享服务中心的影响。

案例分析题七（本题 10 分）

甲农业科技研究院系一家中央级事业单位（以下简称甲单位），属于国家设立的研究开发机构。为加强部门预算管理、国有资产管理、政府采购、预算绩效管理等工作，甲单位采取了如下措施：

（1）甲单位通过制度创新激发科研人员积极性，取得了丰硕的科研成果，并申请取得较多专利权。据此，甲单位进行了如下处理：①在经甲单位领导班子集体研究决定后，甲单位将 A 专利权转让给 C 公司，实现科技成果产业化；②甲单位将转化 B 专利成果取得的收入，全部留归本单位。

（2）甲单位为了提高资产使用效率，采取了如下做法：①经甲单位领导班子集体研究决定，将一栋临街的办公楼（固定资产账面原值 1 400 万元）出租给某餐饮企业；②甲单位按照规定程序确定每年收取租金 180 万元，甲单位将所取得的租金纳入单位预算，统一核算、统一管理。

（3）甲单位资产管理处刘处长持有公务卡办理结算，其出差期间因公累计支付8 000 元，因工作繁忙、接连数次出差在外，超过了发卡行规定的免息期被银行收取罚息、滞纳金共 50 元。据此，甲单位进行了如下处理：因刘处长个人报销不及时造成的罚息、滞纳金等相关费用，由持卡人负担，单位不予报销。

（4）预算绩效管理是政府绩效管理的重要组成部分，甲单位应建立以绩效目标实现为导向，以绩效评价为手段，以结果应用为保障，贯穿预算编制、执行、监督全过程的预算绩效管理体系。据此，甲单位采取了如下做法：①甲单位根据中央部门预算绩效管理的要求，按照"谁申请资金，谁设定目标"的原则，设定了相关的绩效目标；按照"谁分配资金，谁审核目标"的原则，由上级主管部门和同级财政部门进行了审核，作为绩效评价工作的依据；②为提高预算管理规范化、科学化、标准化水平，提高预算透明度，积极推进预算管理一体化建设，内容包括基础信息管理、项目库管理、预算编制、预算调整和调剂、预算执行、会计核算、决算和报告。

（5）关于政府采购事项，甲单位发生了如下业务：

①因上马一个工程项目，需要第三方提供相关法律咨询。该咨询服务属于集中采购目录以外，采购限额标准以上，而且是本部门行政管理所需的小额零星采购，甲单位决定采用框架协议进行采购。

②本次框架协议采购采取了封闭式框架协议采购。在采购代理机构通过征集程序，

确定第一阶段入围供应商并订立封闭式框架协议后，甲单位采取直接选定法确定第二阶段成交供应商，即依据入围产品价格、质量以及服务便利性、用户评价等因素，从第一阶段入围供应商中直接选定。

假设不考虑其他因素。

要求：请依据国家部门预算、国有资产管理、政府采购、预算绩效管理等相关规定，回答下列问题。

1. 根据资料（1），分别判断甲单位事项①~②的做法是否存在不当之处；如存在不当之处，请说明理由。

2. 根据资料（2），分别判断甲单位事项①~②的做法是否存在不当之处；如存在不当之处，请说明理由。

3. 根据资料（3），分别判断甲单位事项①~②的处理是否正确；如不正确，请说明理由。

4. 根据资料（4），分别判断甲单位事项①~②的做法是否存在不当之处；如存在不当之处，请说明理由。

5. 根据资料（5），分别判断甲单位事项①~②的做法是否正确；如不正确，请说明理由。

案例分析题八（本题 20 分，第八题、第九题为选答题，考生应选其中一题作答）

甲单位为一家中央级事业单位（非高校），为了把工作做得更加扎实，甲单位总会计师组织召开由财务处、采购中心、资产管理处等部门负责人参加的工作会议，与会人员就近期工作进行了交流。有关资料如下：

（1）关于预算管理。甲单位在预算执行中涉及如下事项：①由于近期副食品价格上涨过快，严重影响员工生活水平。财务处建议将非财政补助收入超收部分经单位领导班子研究批准后，用于发放员工副食补贴；②近期已完成"空气净化实验室设备购置"项目，形成项目支出结余资金 25 万元。财务处建议，年度预算执行结束后，中央部门应在 15 天内完成对结余资金的清理上报财政部；财政部收到中央部门报送的结余清理情况后，在 30 天内由财政部收回结余资金，不能挪作他用。

（2）关于政府采购。甲单位对政府采购活动实施归口管理，由采购中心负责。在政府采购活动中涉及如下事项：①对于"污水系统、中水系统运营维护管理"项目的招标，由于金额较大，保证能够顺利执行，采购中心建议：在公开招标中要求供应商法人代表亲自领购采购文件，到场参加开标、谈判；②为了方便单位职工上下班，决定立项"2023 年客车租赁服务采购"项目，并在执行政府采购相关程序后由 A 运输公司中标。根据甲单位与 A 公司签订的政府采购合同，约定了支付的方式、时间和条件。采购中心建议，对于满足合同约定支付条件的，甲单位应当自收到发票后 45 日内将资金支付到 A 公司账户，不得无故拖延。

（3）关于资产管理。由于业务发展需要，业务部门提出购买 10 套"微库仑仪设备"申请（微库仑仪设备适用于石油、石油化工、医药、卫生、环保、学校等生产、科研、监测领域中样品的总氯含量的分析），该仪器市场价格每套 90 万元，共计 900万元。据此，国有资产管理处建议：①现有资产无法满足单位履行职能需要时可以配置相应资产；②在年度部门预算编制前，国资处将会同财务部门审核资产存量，提出下一年度拟购置资产的品目、数量、测算经费额度，报主管部门审核、财政部门审批后，才能列入预算进行购买；③原有旧仪器原价 888 万元，已超过使用年限且无法满足工作需要，在报经主管部门批准后予以报废，将处置收入列入年度预算，留归本单位使用。

（4）关于绩效管理。为提高财政资金使用效益，加快财政资金执行进度，根据国家有关规定，制定了甲单位绩效管理办法。绩效管理办法规定：①预算绩效管理应在关注预算投入的同时重视预算产出，将绩效目标设定、绩效跟踪、绩效评价及结果应用纳入预算编制、执行、考核全过程；②预算绩效管理应坚持"目标管理原则、绩效导向原则、责任追究原则、信息公开原则"；③甲单位整体支出绩效目标和二级项目绩效目标，由财政部批复；绩效目标确定后，一般不予调整。

（5）关于内部控制。甲单位严格执行"收支两条线"管理规定，在收取政府非税收入时，按照规定项目和标准征收政府非税收入，并开具增值税发票，做到收缴分离、票款一致，及时、足额上缴国库或财政专户，绝不允许发生任何形式的截留、挪用或者私分。

假定不考虑其他因素。

要求：根据国家部门预算管理、预算绩效管理、政府采购、国有资产管理、政府会计准则制度等有关规定，回答下列问题。

1. 分别判断资料（1）中财务处的建议①～②是否存在不当之处；对存在不当之处的，分别说明理由。

2. 分别判断资料（2）中采购中心的建议①～②是否存在不当之处；对存在不当之处的，分别说明理由。

3. 分别判断资料（3）中国有资产管理处的建议①～③是否存在不当之处；对存在不当之处的，分别说明理由。

4. 分别判断资料（4）中绩效管理办法事项①～③是否存在不当之处；对存在不当之处的，分别说明理由。

5. 针对资料（5），指出甲单位的做法是否正确；如不正确，请说明理由。

案例分析题九（本题 20 分）

甲公司是一家在深圳证券交易所上市公司，主要从事通信设备的研发和生产，执行财政部 2017 年修订发布的金融工具系列会计准则。甲公司近年发生的部分业务及相关会计处理资料如下：

（1）2022 年 2 月 15 日，甲公司从证券市场购入丙公司当日发行的 10 年期可转换公司债券，支付购买价款 888 万元，另外支付交易费用 0.35 万元。该债券的未来现金流无法通过"合同现金流量特征"测试，将其分类为以公允价值计量且其变动计入当期损益的金融资产。12 月 31 日，甲公司研究发现，丙公司由于受疫情防控影响，现金流紧张，预计无法按期支付该债券本息。据此，甲公司对该债券计提了减值损失，计入当期损益。

（2）2022 年 10 月 28 日，甲公司由于销售不畅导致流动资金紧张，将购入的上述丙公司债券全部出售给 A 公司，出售价格为 919 万元；同时约定，甲公司 1 年后将按当日市场价格从 A 公司回购该债券。据此，甲公司未终止确认该金融资产，并将收到的价款确认为金融负债。

（3）2022 年 11 月 1 日，甲公司向 B 公司定向发行股票 2 000 万股，发行价每股 5 元，收到资金 1 亿元，用于 5G 通信设备扩建工程。融资协议同时约定，甲公司向 B 公司每年支付固定股息 480 万元，8 年后甲公司按照股票发行价格回购该股票。据此，甲公司在会计处理时，将该股票分类为权益工具。

（4）随着公司国际贸易业务的不断增加，甲公司外币结算业务日益频繁，日常外汇收支不匹配。为规避外汇市场风险，防范汇率大幅波动对公司生产经营、成本控制造成的不良影响，甲公司与银行等金融机构开展外汇套期保值业务，以减少汇率波动对公司业绩的影响。甲公司为了满足生产经营需要，已签订 2 年后从境外购入生产所需原材料的合同。为了锁定远期汇率，2022 年 12 月 18 日甲公司与中国银行签订了 2 年到期时购入 4 000 万美元的远期外汇合同，约定汇率为 1 美元等于 6.8 元人民币，并按净额结算。据此，甲公司在该套期满足运用套期会计方法条件情况下进行了如下会计处理：

①将该套期分类为现金流量套期。

②将远期外汇合同产生的利得或损失计入了当期损益。

③确定购入原材料的人民币成本为购入原材料约定的美元合同价款与当日即期汇率的乘积。

（5）甲公司为了激励员工，董事会下设的薪酬与考核委员会初步拟定了下列股权激励方案：

①本次股权激励采用股票增值权激励方式。因为股票增值权行权期超过了激励对象任期，可以起到约束激励对象短期行为的作用；同时因为股票增值权属于现金结算的股份支付，适用于现金流量充裕且发展稳定的公司。

②为了做到公平合理，甲公司在召开股东大会前，通过公司网站，在公司内部公示激励对象的姓名和职务，公示期为 8 天。

③按照规定程序，股东大会对本次股权激励计划内容进行表决，要求拟为激励对象的股东或与激励对象存在关联关系的股东实行回避；该表决需经出席会议的股东所持表决权的半数以上才能通过。

④甲公司财务部要求，在等待期内的每个资产负债表日，以对可行权情况的最佳

估计为基础，按照公司承担负债的公允价值，将当期取得的服务计入相关收入，同时计入应付职工薪酬；并在结算前的每个资产负债表日和结算日对负债的公允价值重新计量，将其变动计入损益。

假定不考虑其他因素。

要求：

1. 根据资料（1），判断甲公司计提减值会计处理是否正确；如不正确，请指出正确的会计处理。

2. 根据资料（2），判断出售金融资产未终止确认的会计处理是否正确；如不正确，请指出正确的会计处理。

3. 根据资料（3），判断发行股票的分类是否正确；如不正确，请指出正确的分类。

4. 根据资料（4），分别判断事项①～③的会计处理是否正确；如不正确，请指出正确的会计处理。

5. 根据资料（5），分别判断事项①～④的处理是否正确；如不正确，请指出正确的处理。

2023 年度高级会计资格
《高级会计实务》全真模拟试题（五）

案例分析题一（本题 10 分）

甲公司为一家国内大型控股集团公司（以下简称甲公司），主要从事汽车零配件生产业务。为响应"中国制造 2025"计划，2017 年甲公司开始进入新能源汽车生产与销售领域。在我国经济持续转型升级的背景下，绿色、节能、低碳环保的新能源汽车的发展将是大势所趋，拥有广阔的发展前景。2018 年初，甲公司召开"战略规划研讨会"。有关人员发言要点如下：

董事长：传统燃油汽车时代落幕的时间表愈发清晰，发展新能源汽车是全球汽车行业发展的大趋势。公司正尝试将剩余的部分传统汽车零配件业务进行转让，以获取相应的资金，来发展新能源车业务。

总经理：公司目前考察了一家企业，希望未来能对这家企业进行收购。该企业在新能源汽车领域刚刚成立 2 年，这两年期间，公司在动力系统、车辆平台、自动驾驶、人工智能、计算平台、互联网系统多个领域正在积累相应的技术，目前刚刚能够实现整车生产，尽管公司多项技术指标在新能源汽车领域已实现领先，但具体市场发展还存在相应的不确定性。

财务总监：为配合公司整体发展战略，公司短期内将逐步实现资金收缩；长期来看，公司将进一步扩大融资，以支持公司在新能源车领域的快速发展。

随着集团公司的发展和壮大，资金管理上的问题逐渐暴露。集团成员单位都是独立的法人实体，每个下属企业均多头开户，导致银行存款过于分散，无法形成规模，影响整个集团的贷款力度。虽然集团公司在资金管理上实行收支两条线，有严格的资金支出审批制度，且下属公司每天都向母公司上报资金头寸，但母公司很难具体掌握子公司的现金流量，对集团资金的控制力度严重不足。甲公司必须适应经济发展要求，成立财务公司，实现集团资金的集中管理，充分发挥财务公司在资金管理运作、筹集分配及资源整合上的优势，为集团公司的生产经营活动创造优良的资金环境。

假定不考虑其他因素。

要求：

1. 根据董事长的发言，指出公司目前将采用何种发展战略？

2. 运用波士顿矩阵模型，指出新能源汽车企业目前所属的业务类型。

3. 根据财务总监的发言，从资金筹措与实用角度分析公司短期和长期应采用的财务战略。

案例分析题二（本题 10 分）

甲公司为一家从事钢铁制造的集团企业，为了更好地落实提质增效、加强预算管理与绩效管理协同，公司决定从 2023 年起切实加强全面预算管理，引导企业注重价值创造的绩效评价方法。相关资料如下：

（1）预算目标制定。在遵循预算目标确定原则基础上制定 2023 年的目标利润。2022 年营业收入 30 000 万元，根据 2023 年预算，营业收入增长率为 10%，公司前三年的平均销售利润率指标为 10%，公司预计 2023 年销售利润率可以增长 10%。

（2）全面预算编制方法。2022 年，"供给侧结构改革"的任务越发艰巨，并且政府将继续高度重视三大攻坚任务，对污染防治、精准扶贫、防范系统性风险方面精准施策。在内外部环境的综合影响下，公司决定按照既定的预算编制周期和频率，对原有的预算方案进行调整和补充，逐期滚动，持续推进。

（3）预算控制。除对重点预算项目进行严格管理外，将年度预算细分为季度和月度预算，通过分期预算控制，确保年度预算目标的实现；对于非重点项目尽量简化审批流程；对于关键性指标的实现情况，按月、周，甚至进行实时跟踪，并对其发展趋势作出科学合理的预测，提高事前控制的能力。

（4）2023 年初，甲公司对 2022 年的预算执行情况进行了全面分析，下表是 2022 年度营业收入和 EVA 预算执行情况。

2022 年度营业收入和 EVA 预算执行情况　　　　　单位：万元

指标类型	业务（产品）类型	境内业务		境外业务		合计	
		预算金额	实际金额	预算金额	实际金额	预算金额	实际金额
营业收入	A 业务	85	79	50	51	135	130
	B 业务	45	52	20	16	65	68
	合计	130	131	70	67	200	198
EVA	A 业务	0	−5	1	1.5	1	−3.5
	B 业务	2	2	0	−1	2	1
	合计	2	−3	1	0.5	3	−2.5

（5）绩效评价。甲公司明确 2023 年开始实施以价值创造为中心的绩效评价体系，

加强 EVA 指标的权重。

要求：

1. 根据资料（1），指出确定预算目标应遵循的原则，并计算 2023 年目标利润。

2. 根据资料（2），指出 2023 年甲公司应采取的预算编制方法，并说明其优点。

3. 根据资料（3），指出甲公司遵循了哪些预算控制原则，并列举其他预算控制原则。

4. 根据资料（4），采用多维分析法，以区域和产品两个维度相结合的方式，分析指出甲公司 2022 年度营业收入、EVA 预算执行中存在的主要问题，并说明多维分析法的主要优点。

5. 根据资料（5），指出使用 EVA 进行绩效评价的优点和效果。

案例分析题三（本题 15 分）

甲公司为上海证券交易所主板上市公司，主营钢铁制造。由于外部经济环境越来越复杂，企业经营风险不断加大，甲公司决定进一步发挥风险管理与内部控制在企业经营中的作用，2023 年对风险管理与内部控制建设提出了如下工作要点：

（1）企业层面控制方面。

①关于公司治理。公司治理是根据股东和其他利益相关方（包括雇员、债权人、供应商和政府等与公司有利害关系的集体或个人）指导和控制企业的体系。公司治理只能通过一套正式的、公司内部的制度来协调公司与所有利益相关者之间的利益关系，以保证公司决策的科学性与公正性，从而最终维护各方面的利益。

②关于审计监督。鉴于集团公司采购业务属于腐败的高发地，公司决定在每一个采购招标小组中，由内部审计人员兼任副组长，全程监督招标业务。

（2）业务层面控制方面。为了筹集 10 亿元技术改造资金用于污染治理，企业筹资职能部门通过对国内外各种融资方式、融资成本进行比较分析后，提出了可行性融资方案。鉴于该筹资方案重大，由公司财务总监亲自进行了审批。

（3）关于内部控制评价。

甲公司聘请 A 会计师事务所为甲公司出具内部控制评价咨询报告。A 会计师事务所实施现场测试后，发现了企业内部控制设计与运行中的若干缺陷，根据这些缺陷对生产经营的影响程度，从定性和定量方面进行了分析判断，认定为一般缺陷和重要缺陷，由 A 会计师事务所对外发布了甲公司评价基准日内部控制有效的结论。

（4）关于内部控制审计。

①关于聘请内部控制审计师。甲公司经讨论研究，决定聘请 B 会计师事务所为本公司出具内部控制审计报告。

②关于审计测试。B 会计师事务所接受甲公司委托，组成精干审计小组进驻审计现场。B 会计师事务所在审计过程中对甲公司内部控制评价工作进行了评估，认为评价重点把握比较恰当，工作底稿规范，遂大量利用甲公司内部控制评价工作成果，以达到

减少本应由注册会计师执行的工作、提高审计工作效率以及减轻审计责任的目的。

（5）关于风险管理。

①甲公司为了识别风险，公司董事会及其风险管理委员会、审计委员会等专业委员会召集了企业内部不同管理层级、不同职能部门、不同岗位的员工，对企业内部和外部可能存在的各类风险进行自由讨论，识别出本公司存在的主要风险有：a. 在产业风险方面，甲公司注意到钢铁市场已经进入高峰波动期，国内粗钢产能仍会高位释放，产能过剩风险凸显，供求结构性矛盾突出；b. 在原材料价格波动风险方面，近期铁矿石价格持续飙升，并创下近年新高，钢铁企业效益受到挤压；c. 在环保风险方面，生态环境部等五部门联合发布了《关于推进实施钢铁行业超低排放的意见》，严格整治环境污染。甲公司采取了国际上一流技术防污减排，力争把污染控制在达标范围内。

②甲公司采取了相应的应对措施：a. 提前筹谋，在政策范围内，以推进企业转型升级为主线，加大科技投入，促进产品升级换代，加快新旧动能转换，打造更多比较优势，不断提升价值创造能力，化解经营风险；b. 深化精益购销，密切关注市场，加强与供应商对接，积极应对市场变化，对于预计将上涨的原材料，提前签订买入期货合同，进行套期保值实现风险对冲；c. 深化节能环保，促进绿色发展向更高水平迈进，强化源头控制，绝不上马高污染项目，持续提升环保绩效水平，促进节能环保、清洁生产、绿色发展向更高水平迈进。

假定不考虑其他因素。

要求：根据《企业内部控制基本规范》及其配套指引等有关规定的要求，回答下列问题。

1. 逐项判断资料（1）中事项①～②项内容是否存在不当之处；对存在不当之处的，分别指出不当之处，并逐项说明理由。

2. 判断资料（2）中资金活动控制是否存在不当之处；对存在不当之处的，分别指出不当之处，并逐项说明理由。

3. 判断资料（3）中是否存在不当之处；对存在不当之处的，指出不当之处，并说明理由。

4. 逐项判断资料（4）中事项①～②项内容是否存在不当之处；对存在不当之处的，分别指出不当之处，并逐项说明理由。

5. 根据资料（5）中事项①，指出甲公司采取了何种风险识别技术。

6. 根据资料（5）中事项①，分别指出风险 a，按来源和范围如何分类；风险 b，按能否带来盈利等机会如何分类；风险 c，按采取应当措施及其有效性如何分类，分别属于何种风险。

7. 根据资料（5）中事项②，分别指出应对措施 a～c 属于何种应对策略类型。

案例分析题四（本题 15 分）

A 上市公司因项目开发需要，设立了 10 多家全资的项目公司（以下简称公司）。

因大型项目建设市场不景气，公司面临较高市场风险和较大融资压力。近 3 年的公司年报显示，公司资产负债率一直在 70% 左右。为进一步开拓市场，应对各种风险，公司于 2016 年 3 月召开了由管理层、职能部门经理、主要项目经理参加的"公司融资与财务政策"战略务虚会。部分人员的发言要点如下：

（1）财务部经理：公司积极引入相关社会投资者共同开发相应项目，但由于项目开发周期较长，且有相应的风险，为了鼓励相关投资者积极参与，在合约到期时公司承诺进行赎回，并按约定利率支付相应利息。

（2）财务副总：为增强公司资金的使用效率，公司拟成立财务公司对资金集中管控。未来财务公司将独立运营，资本总额为 50 亿元，其中自有资本 4 亿元，财务公司还将从事长短期投资项目，要求长期投资项目占资本总额比达到 40%。

（3）董事会秘书：公司融资应考虑股价表现，目前不宜进行配股融资。当前，公司资金总额 100 亿元，负债总额 80 亿元，股东权益总额 20 亿元，利润总额 4 亿元；总股本 4 亿股，平均股价 4 元/股，近三个月来，公司股价没有太大波动，在市净率较低的情况下，若按 4∶1 的比率配售 1 亿股（假定股东全部参与配售），且配股价设定为 3.8 元/股，则可能对公司股价产生不利影响。

（4）财务总监：公司支持建立财务共享和资金集中管理，成立财务公司。但财务公司要注意相应的风险；此外，公司应积极参与市值管理，使得公司股价恢复至合理区间，经公司聘请的财务顾问测算，公司理论价值在每股 8 元左右。

（5）总经理：公司此前由人力资源部牵头建立的平衡计分卡考核体系，目前来看存在一定的局限性。现在根据董事会的要求，公司推进并着手绘制战略地图，希望各部门积极参与。

要求：

1. 判断财务部经理选择的融资方式属于何种类型，其采用了何种投资人退出的方式来吸引投资者？

2. 判断财务副总的发言是否准确；如不准确，请说明理由。

3. 根据董事会秘书的发言资料，请计算公司现时的市净率与公司在实施配股计划情况下的配股除权价格。

4. 财务总监提到的财务公司，其需要关注哪些类型的风险？公司按照理论价值测算的市盈率为多少？

5. 总经理提到的战略地图，相对于平衡计分卡有哪些改进？

案例分析题五（本题 10 分）

A 企业是一家从事大型设备制造的企业，只为某大型工程配套生产一种大型设备，近年来，随着公司产品的多元化战略实施，为了加强成本管理，A 企业召开会议对成本管理工作的历史现状进行梳理，为下一步成本管理作出规划。以下是会议发言记录：

（1）总经理：我公司长期以来只生产专用设备，因此市场和产品比较单一，这种方法也能够满足企业进行决策。但是公司即将实施多元化产品战略，要开发出受市场欢迎的产品，肯定要面临市场竞争。因此，要总结过去我们成本管理的经验和不足，为成本管理改革服务，采用变动成本法核算产品生产成本。

（2）财务总监：随着公司战略的不断推进，公司间接成本的比重不断扩大，由原来的不足30%，上升到了56%。财务部建议拟引进作业成本法核算成本。以下是财务部提供的间接成本资料。主要生产甲、乙两种产品，其中甲产品900件、乙产品300件，其作业数据如下表所示。

甲、乙产品作业数据

作业中心	资源耗用（元）	动因	动因量（甲产品）	动因量（乙产品）	合计
材料处理	18 000	移动次数	400	200	600
材料采购	25 000	订单件数	350	150	500
使用机器	35 000	机器小时	1 200	800	2 000
设备维修	22 000	维修小时	700	400	1 100
质量控制	20 000	质检次数	250	150	400
产品运输	16 000	运输次数	50	30	80
合计	136 000				

要求：

1. 根据资料（1），指出变动成本法的缺点。

2. 根据资料（2），按作业成本法计算甲、乙两种产品应分摊的间接成本，并填制下表。

作业中心	成本库（元）	动因量	分配率	甲产品（元）	乙产品（元）
材料处理	18 000	600			
材料采购	25 000	500			
使用机器	35 000	2 000			
设备维修	22 000	1 100			
质量控制	20 000	400			
产品运输	16 000	80			
合计总成本	136 000				
单位成本					

3. 根据资料（1）、（2），若将上述间接成本按照机器小时数进行分配，试计算此时的单位产品间接成本。

4. 若两件产品的单位材料成本为 100 元/件，单位直接人工工时成本为 10 元/件，其中，甲产品每件耗费人工 3 小时，乙产品每件耗费人工 6 小时；且假设按照单位成本加成 20% 的策略确定产品价格，分别计算上述两种成本计算方法下的产品单价。

5. 指出作业成本法的特点。

案例分析题六（本题 10 分）

甲公司为一家上市公司，也是全球著名电子科技制造商之一。基于公司战略目标，公司准备积极实施海外并购。相关资料如下：

（1）并购对象选择。甲公司认为，通过并购整合全球优质产业资源，发挥协同效应，是加速实现公司占据行业全球引领地位的重要举措；并购目标企业应具备以下基本条件：①应为集成电路设计商，位于产业链上游，且在业内积累了丰富而深厚的行业经验，拥有较强的影响力和行业竞争力；②拥有优秀的研发团队和领先的关键技术；③具有强大的市场营销网络。经论证，初步选定国外知名的乙公司作为并购目标。

（2）并购价值评估。甲公司经综合分析认为，企业价值/息税前利润（EV/EBIT）和股权价值/账面净资产（P/BV）是适合乙公司的估值指标。甲公司在计算乙公司加权平均评估价值时，赋予 EV/EBIT 的权重为 60%，P/BV 的权重为 40%。可比交易的 EV/EBIT 和 P/BV 相关数据如下表所示：

可比交易的 EV/EBIT 和 P/BV 相关数据

交易日期	可比交易	EV/EBIT	P/BV
2021 年 6 月 9 日	可比交易 1	10.47	1.81
2021 年 7 月 15 日	可比交易 2	9.04	2.01
2021 年 9 月 10 日	可比交易 3	12.56	1.53
2021 年 9 月 28 日	可比交易 4	7.44	3.26
2021 年 11 月 2 日	可比交易 5	15.49	6.39

（3）并购对价。根据尽职调查，乙公司 2021 年实现税前利润总额 6.5 亿元、利息费用 0.5 亿元、有息债务 10 亿元，2021 年末净资产账面价值（BV）21 亿元。经多轮谈判，甲、乙公司最终确定收购乙公司 100% 股权的对价为 65 亿元。

（4）并购融资。2021 年末，甲公司资产负债率为 80%。甲公司与合作银行存续贷款合约的补充条款约定，如果甲公司资产负债率超过 80%，合作银行将大幅调高贷款利率。贷款利率如提高，甲公司债务融资成本将高于权益融资成本。

甲、乙公司协商确定，本次交易为现金收购。甲公司自有资金不足以全额支付并购对价，其中并购对价的 40% 需要外部融资。甲公司综合分析后认为，有两种外部融资方式可供选择：一是从合作银行获得贷款；二是通过权益融资的方式，吸收境内外投资者的资金。

假定不考虑其他因素。

要求：

1. 根据资料（1），从经营协同效应的角度，指出甲公司并购乙公司的动机。

2. 根据资料（2）、（3），运用可比交易分析法，计算如下指标：①可比交易的 EV/EBIT 平均值和 P/BV 平均值；②乙公司加权平均评估价值。

3. 根据资料（2）、（3），运用可比交易分析法，从甲公司的角度，判断并购对价是否合理，并说明理由。

4. 根据资料（4），指出甲公司宜采用哪种并购融资方式，并说明理由。

案例分析题七（本题 10 分）

A 集团是一家大型企业集团，下辖两个大型子集团，两大子集团下属分别设置了一系列分支机构和区域经营公司。为了建立财务共享中心，A 集团周密部署建设计划，终于建成了一套独具特色的财务共享服务中心。资料如下：

（1）在进行财务共享中心建设中，考虑到子公司各具特色，独立性强，不具备一次到位的统一管理条件，因此在系统上建设了三个虚拟共享中心，即在集团整体集中部署一套信息化系统、一个平台，根据业务特点将作业池和作业组划分为三个，分别是集团总部中心和两个子集团中心。财务组织架构分为三个部分，即共享服务中心、管理会计中心、二级单位财务部。

（2）甲公司是 A 集团下属的一家业务流程后台服务公司，1997 年为 G 集团提供内部的共享服务，2005 年该公司引入 2 家新的美国投资者成为一家独立运营的公司。从分布在 9 个国家的 30 多个营运中心的全球交付平台转变为为全球多个区域的企业管理提供财务共享服务和咨询服务，包括财务会计、收款、客户服务、供应链和采购、分析、企业应用等。

（3）乙公司是 A 集团下属的一家全球性综合性制造业上市公司，业务范围涉及全球 120 多个国家的 500 多家企业。2005 年，在甲公司发展过程中遇到了集团财务人员外派的分散式财务管理模式与规模扩大带来的管控要求不匹配的问题。集团内部财务会计制度没有标准化，每个分支机构均配置或派出了财务人员，各分支机构的内部业务流程杂乱，财务管理的信息化、网络化程度不高。公司决定进行财务核算和管理模式的创新。

（4）乙公司财务共享服务中心的业务模块可分为四类，费用报销类、应收款类、应付款类、总账类。初步实现了统一的管理标准规范，统一的业务流程规范，统一的数据标准规范。

要求：

1. 根据资料（1），指出 A 集团下设的三个共享服务中心按覆盖范围属于何种类型，财务共享中心和财务管理部门是什么关系？

2. 根据资料（2），指出甲公司财务共享服务中心按运作模式属于何种类型？

3. 根据资料（3），指出乙公司按采用的技术路线属于什么模式？建设的重点是什么？

4. 根据资料（4），指出收款流程的特点及流程的业务内容。

案例分析题八（本题 20 分，第八题、第九题为选答题，考生应选其中一题作答）

长江公司为上海证券交易所主板上市的国有控股公司，2022 年发生了如下有关金融工具、股权激励、套期保值等业务事项：

（1）长江公司支付 4 508 万元购入 A 公司当日发行的五年期普通债券，另外支付交易费用 12 万元，长江公司持有该债券以收取合同现金流量为目标，根据持有债券的业务模式和合同现金流量特征，将该债券分类为以摊余成本计量的金融资产。长江公司对该债券的计量的会计处理是：

①购入时确认的债权投资初始投资成本为 4 508 万元，将交易费用 12 万元计入了当期损益。

②持有 2 年后，该债券经评估信用风险已显著增加，长江公司按照相当于该债券整个存续期内预期信用损失的金额计提了损失准备。

（2）长江公司为了抓住发展机遇，经与风险投资机构丙基金公司协商，签订了对赌协议：长江公司向丙公司定向发行股票融入 5 亿元资金，如果长江公司在自该股票发行之日起 4 年内未能成功 IPO，则长江公司必须按面值赎回该股票；同时长江公司根据经营状况可自行决定是否派发股利。发行该股票的第 2 年，长江公司根据股东大会决议进行了利润分配。据此，长江公司进行了如下会计处理：

①长江公司将发行的股票确认为权益工具。

②长江公司将分配的股利按照利润分配进行了处理。

（3）长江公司为了激励员工，董事会下设的薪酬与考核委员会初步拟定了下列股权激励方案：

①本次激励计划为限制性股票激励计划，激励对象包括公司董事（非独立董事）、高级管理人员（其中 1 位高管持有本公司 6% 股份）、核心技术人员（其中 2 位为外籍员工）、核心业务人员，不包括普通员工。

②本公司不存在《上市公司股权激励管理办法》规定中不得实施股权激励的情形，诸如最近一个会计年度财务会计报告被注册会计师出具否定意见或者无法表示意见的审计报告等。

③限制性股票的来源为向受益对象发行本公司 A 股股票，首次授予限制性股票的授予价格为 6.8 元/股，即股权激励计划草案公布前 1 个交易日的公司股票交易均价的 20% 与股权激励计划草案公布前 60 个交易日的公司股票交易均价的 20% 的较高者。

④本计划锁定期内，激励对象根据本激励计划持有的限制性股票将被锁定且不得

以任何形式转让、不得用于担保或偿还债务。在限制性股票有效期内，各期解除限售的比例不得超过激励对象获授限制性股票总额的80%。

⑤激励对象认购限制性股票的资金由个人自筹，公司不为激励对象依限制性股票激励计划获取有关限制性股票提供贷款、贷款担保以及其他任何形式的财务资助。

⑥本计划在董事会依规定程序履行公示、公告程序后，提交股东大会审议，并经出席会议的股东所持表决权的50%以上通过。

⑦经财务部测算，本股权激励计划按照本年度资产负债表日权益工具公允价值计算，将增加本年度成本费用3 400万元，将增加应付职工薪酬3 400万元。

（4）长江公司为了控制原材料以及产品价格波动的风险，拟进行套期保值，有关方案如下：

①套期保值目的：由于国内外经济形势多变，有色金属产品市场价格波动较大，公司的产品和主要原料价格与铅锭的市场价格直接相关，铅价的波动对公司产品售价、原料采购成本产生直接而重大的影响，在很大程度上决定着公司的生产成本和效益。因此，公司选择利用期货工具的套期保值功能，开展期货套期保值交易，规避市场价格波动风险，将公司生产原材料采购成本和铅锭销售价格风险控制在适度范围内，保证经营业绩的相对稳定。

②套期保值的方式：根据公司原材料所需数量和相关价格，卖出2万吨铅锭；根据产品销售情况和相关产品价格，买入3万吨铅锭。

③会计处理：在满足运用套期保值会计方法条件下，对于预期购入原料的套期，将其分类为现金流量套期，期货公允价值变动计入当期损益；对于有库存商品的卖出产品套期，将其分类为公允价值套期，产品和期货的公允价值变动均计入当期损益。

假定不考虑其他因素。

要求：

1. 根据资料（1），逐项判断事项①～②会计处理是否正确；如不正确，请说明理由。

2. 根据资料（2），逐项判断事项①～②会计处理是否正确；如不正确，请说明理由。

3. 根据资料（3），逐项指出事项①～⑦长江公司股权激励草案存在的不当之处，并说明理由。

4. 根据资料（4），逐项指出事项①～③长江公司套期保值方案存在的不当之处，并说明理由。

案例分析题九（本题20分）

甲单位为中央级事业单位，已实行国库集中支付制度。2022年财政部门在会计信息质量检查中，发现甲单位可能存在以下业务问题：

（1）甲单位经财政部门批准，已获"水资源净化工程"立项，项目经费80万元已通过财政授权支付下拨到位。该项目购入专用设备40 万元，支付其他费用30 万元，项目已实施完毕。甲单位及时对项目支出结余资金 10 万元进行了清理，并由财政部收回。

（2）甲单位部分项目进展缓慢，为加快进度，经单位领导班子集体研究决定，将160 万元的新能源研发项目预算进行调整，将其中 56 万元用于购置空调、办公家具等支出。

（3）甲单位成为预算管理一体化试点单位后，注重对财政预算管理的业务流程、业务要素等内容进行梳理、分析、整合和优化。为此，在资金支付管理上做了如下处理：①基本存款账户开户银行根据中央一体化系统发送的支付凭证办理单位资金支付；②基本存款账户开户银行原则上不得接受中央一体化系统以外的单位资金支付指令，属于甲单位资金收入的，按规定可以通过实有资金账户进行结算。

（4）甲单位在履行业务过程中，需要采购在中国境内无法取得需要进口的货物。为此，甲单位进行了如下处理：①在获得主管部门核准后，以公开招标方式开展政府采购；②甲单位采购进口产品合同履行中，由于业务规模扩大，需要追加与合同标的相同的货物，基于不改变合同其他条款，而且补充合同的采购金额不超过原合同采购金额10%，在未经主管部门重新审核情况下，与供应商协商签订了补充合同，采购了追加的标的货物。

（5）甲单位近年来围绕"全方位、全过程、全覆盖"构建绩效管理体系，针对预算绩效管理工作的重点环节，采取了如下做法：①绩效监控由财政部统一组织、中央主管部门分级实施，甲单位负责开展预算绩效日常监控。在监控方式上，采用了目标比较法，用定量分析和定性分析相结合的方式，将绩效实现情况与绩效目标进行比较，对目标完成、预算执行、组织实施、资金管理等情况进行分析评判；②对项目支出绩效评价，甲单位采用定量与定性评价相结合的比较法，总分由各项指标得分汇总形成。其中，定性指标得分按照以下方法评定：根据指标完成情况分为达成年度指标、部分达成年度指标并具有一定效果、未达成年度指标且效果较差三档，分别按照该指标对应分值区间100%～90%（含）、90%～60%（含）、60%～0% 合理确定分值。

（6）甲单位现有一台"激光通信标校设备"，账面原值 1 200 万元，已计提折旧850 万元，现闲置未用。甲单位为提高资产使用效率，采取捐赠方式进行处置。5月25日经甲单位领导班子研究决定，并报主管部门审批同意后，6 月 6 日，甲单位将设备捐赠给了主管部门下属的乙单位，已办理完设备交接手续。

（7）甲单位在单位层面内部控制方面，建立了内部控制的工作机制，强调实行内部控制关键岗位工作人员的轮岗制度；对不具备轮岗条件的，采取了专项审计等控制措施。

（8）甲单位有关出租资产情况如下：①经集体研究决定，将临街房屋（账面原值8 900 万元）进行装修改造后，出租给 C 公司；②租期 3 年，每年租金经双方友好协商确定为 400 万元；③甲单位将收到的租金纳入部门预算，统一核算，统一管理。

假定不考虑其他因素。

要求：根据国家部门预算管理、政府采购、内部控制、资产管理、预算绩效管理等规定，回答下列问题。

1. 根据资料（1），分析、判断甲单位的做法是否正确；如不正确，请说明理由。

2. 根据资料（2），分析、判断甲单位的做法是否正确；如不正确，请说明理由。

3. 根据资料（3），分别分析、判断甲单位事项①~②的做法是否正确；如不正确，请说明理由。

4. 根据资料（4），分别分析、判断甲单位事项①~②的做法是否正确；如不正确，请说明理由。

5. 根据资料（5），分别分析、判断甲单位事项①~②的做法是否正确；如不正确，请说明理由。

6. 根据资料（6），分析、判断甲单位的做法是否正确；如不正确，请说明理由。

7. 根据资料（7），分析、判断甲单位的做法是否正确；如不正确，请说明理由。

8. 根据资料（8），分别分析、判断甲单位甲单位事项①~③的做法是否正确；如不正确，请说明理由。

2023 年度高级会计资格
《高级会计实务》全真模拟试题（六）

案例分析题一（本题 15 分）

甲企业是一家国有控股的制造业企业集团，旗下有众多子公司。有关各子公司的情况如下：

A 公司 2010 年 6 月在上海证券交易所上市。2018 年 1 月，A 公司计划在越南设立独立经营公司。由于越南劳动力成本较低，该公司的设立能够较好地利用当地低成本优势从事与制造业相关的材料生产。根据公司财务部按照当地现金流测算，该独立经营公司投资项目净现值 NPV 为正，这笔投资能够为 A 公司股东创造价值回报。

2018 年 5 月，A 公司董事会认为，对境外直接投资存在多重风险，要求 A 公司财务部编制投资风险管理计划。重点涉及投资前的风险控制与应对措施以及投资后的风险应对机制。

B 公司是一家刚刚成立的全资子公司，其业务主要集中于环境与污水处理工程等多个项目。其中，X 项目设定了项目开工、建设实施、移交维护等各环节的管理制度，并严格实施项目预算管理制度，控制项目成本；投资者对 X 项目要求的基本投资回报率为 8%；Y 项目所在地地质环境复杂，项目安全与运营风险较高，投资人要求的回报率为 15%；B 公司股权和债权综合资金成本为 10%。经财务部初步测算，X 项目与 Y 项目均按照 10% 资本成本计算的 NPV 分别为 −450 万元及 600 万元。财务部将初步测算结果报董事会决策。

C 公司是一家以国际贸易为主的平台公司，业绩在近几年相对平稳。2018 年度，公司收入为 1 000 万元，其中税后利润为 100 万元，40% 用于支付股利；公司总资产 2 000 万元，总股数 200 万股，股东权益价值为 1 000 万元。C 公司 2019 年度计划销售增长率是 10%。公司财务总监李某认为公司资金基本确定在 2019 年度会存在困难。

要求：

1. 指出 A 公司财务部的投资预测是否合理；如不合理，请说明理由。

2. 指出 A 公司境外直接投资可能存在哪几类风险，针对董事会提出的要求，A 公司投资前后的风险应对机制应如何确定？

3. 根据财务部测算结果，你认为 B 公司董事会应如何决策？

4. 指出 C 公司财务总监李某对公司未来资金量的判断是否准确，并说明理由。

5. 按照公司预期增长情况，你认为财务总监应如何应对？

案例分析题二 （本题 15 分）

甲企业是一家多元化的国有大型企业集团，近年来在我国经济转型、国家提倡高质量发展的政策指引下，甲企业致力于提升管理水平和创新能力，对标行业一流企业。2022 年拟实施以预算管理和绩效管理相结合的管理会计提升工程。相关资料如下：

（1）甲企业对 2022 年 1 ～ 6 月的财务数据进行梳理发现，纳入监控的 4 个指标如下表所示。

2022 年 1 ～ 6 月的财务数据

单位：%

指标	2022 年上半年同比增长率	行业平均水平同比增长率	行业标杆水平同比增长率	2022 年上半年预算完成率
营业收入	10.2	9.9	10.6	55
营业成本	10.5	9.9	9.2	67
利润总额	9.7	8.6	11	45
应交税金	10	6.8	18.4	67

（2）甲企业 2022 年采用经济增加值的绩效评价方法，相关财务数据如下：净利润 4 500 万元，平均负债总额 28 500 万元，平均资产总额 65 000 万元，利息支出 1 200 万元，研究与开发费和当期确认为无形资产的支出 6 500 万元，平均在建工程 3 500 万元。适用的企业所得税税率为 25%，加权平均资本成本率为 10%。假设不考虑其他因素。

要求：

1. 根据资料（1），指出甲企业预算完成情况如何。

2. 根据资料（1），请对甲企业的经济运行情况的好坏进行判断，如存在问题，请提出改进建议。

3. 根据资料（2），计算 2022 年的经济增加值，并指出经济增加值绩效评价的优点。

案例分析题三 （本题 10 分）

平安股份有限公司（以下简称平安公司）同时在上海证券交易所及香港联交所等

四地上市。2023 年 1 月，平安公司内部审计部门对平安公司内部控制以及风险管理系统的建立健全和有效实施进行监督检查，发现如下情况：

（1）公司治理结构作为企业的内部环境，必然对企业风险管理和内部控制产生影响。平安公司董事会认为，薄弱的治理结构直接导致风险管理和内部控制减弱。为此，公司持续推进规范化运营，严格履行法定程序，健全科学法人治理结构；完善内部控制体系和约束机制，严格决策程序，有效控制防范风险，确保了法人治理结构协调、高效、合规运行。

（2）在平安公司召开的工作进度总结会上，董事长强调：①通过内部控制实现以下目标：合理保证企业经营管理合法合规、资产安全、财务报告及相关信息真实完整，提高经营效率效果、促进企业实现发展战略；②要求内部控制部门不惜采取一切代价控制风险，从内部环境、风险评估、控制活动、信息与沟通和内部监督等五要素着手，认真梳理各个环节的重要风险点；③采取 SWOT 分析、头脑风暴等风险识别技术，从风险发生的可能性及其影响程度两个方面进行风险分析，为风险应对策略提供支持；④通过梳理发现公司生产系统自动控制设备存在重大安全隐患，但由于时间紧任务重，为确保按时交货，公司未采取进一步行动。

（3）平安公司在生产经营中培育积极向上的价值观、诚实守信的经营理念、履行社会责任和开拓创新的企业精神。为了坚持做到诚实守信，董事会强调：根据公司风险管理目标，对外签订的合同应该慎之又慎，没有百分之一百的把握不要签订，以免失信于客户。

（4）资金是企业的血液，平安公司在筹集资金过程中，坚持做到了根据筹资战略目标和规划，结合年度全面预算拟定筹资计划，重大筹资方案经董事会集体决策审批确定。

（5）平安公司为了扩大企业规模，需要补充大量流动资金，从工商银行借入 10 亿美元贷款，期限 3 年；借入时汇率为 1 美元 = 6.2 元人民币。鉴于当前美元处于升值趋势，平安公司风险管理部门在对该笔外币借款汇率风险进行评估时，对假定如果到期时美元兑人民币的汇率变为 1 美元 = 7.0 元人民币，那么将发生多大损失进行了风险分析。

风险管理部门从董事会会议记录中了解到，公司董事会确定的该笔外币借款汇率风险的风险容忍度为 5 000 万元人民币。

（6）平安公司在风险监控中，对发现的已经形成较大损失的重要事件向上一级部门进行了报告；对重大事件向公司风险管理委员会进行了报告。

假设不考虑其他因素。

要求：根据企业内部控制基本规范及其配套指引以及风险管理的要求，回答下列问题。

1. 根据资料（1），判断甲公司董事会的做法是否存在不当之处；对存在不当之处的，说明理由。

2. 根据资料（2），逐项判断事项①~④项做法是否存在不当之处；对存在不当之处的，分别说明理由。

3. 根据资料（3），判断甲公司的做法是否存在不当之处；对存在不当之处的，说明理由。

4. 根据资料（4），判断甲公司的做法是否存在不当之处；对存在不当之处的，说明理由。

5. 根据资料（5），指出平安公司采取了何种方法进行风险分析？并指出属于定性技术还是定量技术？

6. 根据资料（5），计算该笔外币借款的汇率风险敞口（假设不考虑时间价值），并提出风险应对策略。

7. 根据资料（6），判断甲公司的做法是否存在不当之处；对存在不当之处的，说明理由。

案例分析题四（本题 10 分）

甲公司为一家中国企业，乙公司为一家欧洲企业。2022 年初，甲公司计划收购丙公司 100% 股权，并购项目建议书部分要点如下：

（1）并购背景。甲公司为一家建筑企业，在电力建设的全产业链（规划设计、工程施工与装备制造）中，甲公司的规划设计和工程施工能力处于行业领先水平，但尚未涉入装备制造领域。在甲公司承揽的 EPC（设计—采购—施工）总承包合同中，电力工程设备均向外部供应商采购。为形成全产业链优势，甲公司拟通过并购方式快速提升电站风机等电力工程设备的技术水平和制造能力。

乙公司为一家装备制造企业，以自主研发为基础，在电站风机领域拥有世界领先的研发能力和技术水平。乙公司风机业务 90% 的客户来自欧美，在欧美市场享有较高的品牌知名度和市场占有率。虽然乙公司拥有领先的技术和良好的业绩，但由于近年来欧洲经济的不景气，导致乙公司发展停滞。

（2）绩效评价与价值评估。甲公司对乙公司的绩效和价值进行了综合评估。以 2021 年末为评估基准日，乙公司净资产账面价值为 10 亿元，息税前利润 EBIT 为 2.8 亿元，企业所得税税率为 25%，有息债务权益比率 D/E 为 40%。假设 2022 年初完成收购后，乙公司当年度的经济增加值一次性增长 50%，此后维持该业绩水平不变。未来预计加权平均资本成本率为 10%，股权资本成本率为 15%。甲公司最终的 100% 股权收购报价为 20 亿元。

并购前，甲公司股权的市场价值为 132 亿元。如并购完成，预计两家公司经过整合后的股权市场价值合计将达到 160 亿元，此外，甲公司预计在并购价款外，还将发生财务顾问费、审计费、评估费、律师费等并购交易费用 0.5 亿元。

（3）并购后的整合。甲公司在并购后整合过程中，为保证乙公司经营管理顺利过渡，留用了乙公司原管理层的主要人员及业务骨干，并对其他人员进行了必要的调整；将本公司行之有效的管理模式移植到乙公司；重点加强了财务一体化管理，向乙公司派出财务总监，实行资金集中管理，统一会计政策和会计核算体系。

假定不考虑其他因素。

要求：

1. 根据资料（1），从并购双方行业相关性角度，指出甲公司并购乙公司的并购类型。

2. 根据资料（2），计算 2021 年度乙公司的经济增加值，并据此计算 2021 年底，乙公司的股权价值评估值。

3. 根据资料（2），计算甲公司并购乙公司的并购收益、并购溢价和并购净收益，并据此指出甲公司并购乙公司的财务可行性。

4. 根据资料（3），简要说明甲公司所采取的并购后整合类型。

案例分析题五（本题 10 分）

甲公司是一家在上海证券交易所上市的汽车企业，主营整车的生产和销售。在中国经济快速增长的背景下，甲公司采取和国外知名汽车厂商合资建厂生产小汽车的方式获得了发展。董事会决定召开会议研究自主品牌发展之事。以下是发言摘要：

（1）总经理：我们公司新研制的自主品牌汽车 A 系列已经投放市场，由于物美价廉，市场销路不断扩大。但是这款车的成本太高，因此该产品线利润率极低，达不到目标利润的要求，部分地区甚至已经侵蚀其他品牌产品的利润。公司要在稳定市场售价的基础上，加大成本管理的力度。

（2）总会计师：公司目前在降低 A 系列汽车的成本方面已经作出了部署。首先成立了以财务系统牵头的矩阵式团队，发掘 A 系列汽车的成本空间，根据我们的测算，目前 A 系列汽车的市场售价是 6 万元，公司对此款车的销售利润率要求是 20%，目前该系列车的出厂完全成本是 5.5 万元。通过材料代用、功能清理、轻量化、引进低成本供应商等措施，我们相信经过效益保障工作组的艰苦细致工作，2022 年可以达到预定成本目标。

（3）财务总监：去年我们公告了一起涉及 12 个产品 10 多万辆车的冷却液召回事件。财务部门对此事专门进行了调查。原因是我公司在冷却液供应商招标过程中，选择了一家成本最低的供应商，该供应商的产品质量不稳定导致车辆在行驶过程中容易出现高温的现象。采购成本的降低影响了我们企业的声誉，财务上也受到了较大损失，与采购成本降低获得收益相比，得不偿失。今后要加强管理，确保这种情况不再发生。

（4）主管采购的副总经理：我解释一下关于冷却液供应商招标中出现的问题。公司近年来将采购环节的成本降低率作为我公司考核"降本增效"目标的一个重要抓手，年终如果完不成指标会影响采购部门的业绩。而过去几年我们在外购原材料成本方面做了大量的工作，出现这样的问题我们也不希望，今后将采取加大质量检验力度的补救措施，从而努力来完成公司下达的成本降低目标。

要求：根据以上资料，回答下列问题。

1. 根据资料（1），分析适合甲企业的成本管理方法是什么？实施目标成本管理需要遵循哪些原则？

2. 根据资料（2），计算 A 系列汽车的目标成本是多少？2022 年成本降低目标是多少？

3. 根据资料（3），指出甲公司成本管理应该如何转变观念。

案例分析题六（本题 10 分）

甲单位为中央级事业单位（高等学校），在预算管理、政府采购、国有资产管理等方面发生了如下经济业务事项：

（1）甲单位将预决算信息公开，作为深化预算管理制度改革、加强决算管理、提高预决算透明度的重要举措。为此，在预决算公开方面采取了如下做法：①甲单位作为预决算信息公开的责任主体，切实履行职责，在部门批复后的第 25 日，向社会公开了部门批复的单位预决算；②公开内容包括部门批复的单位预算、决算及报表，并对本单位职责及机构设置情况、预决算收支增减变化、运行经费安排、"三公"经费、政府采购等重点事项作出说明，同时公开了国有资产占用、预算绩效管理等信息。

（2）甲单位作为预算管理一体化试点单位，积极构建预算管理一体化系统，具有预算项目管理、预算编制管理、预算指标管理、预算执行、账户管理、资金动态监控、绩效管理等功能，涵盖了预算管理全部业务的管理功能。教育收费专户管理资金通过中央一体化系统进行集中校验和人工审核后，直接拨付到甲单位零余额账户，不再由试点部门转拨。

（3）甲单位为了完成"液态太阳燃料合成"项目，需要进行政府采购。该货物未纳入集中采购目录，但达到了限额以上标准。为此，甲单位采取了如下做法：①通过前期调研咨询，确定了主要功能，但无法确定详细的技术规格标准，需要由供应商提供解决方案，采取了竞争性谈判方式进行采购；②甲单位成立了谈判小组，采取多方案谈判方式。谈判结束后，将最终确定的全部实质性要求以及细化的评审规则以书面形式通知了所有尚在谈判的供应商，要求供应商在 2 日内提交最终响应文件。

（4）甲单位为了贯彻落实《行政事业单位内部控制规范（试行）》，结合自身管理实际，制定了《内部控制手册》（以下简称《手册》），关于业务层面的控制活动，有关资料如下：

①对外投资控制。对外投资应符合国家产业政策，对项目可行性要进行严格论证；在投资决策控制方面，对重大投资由单位负责人亲自审定后，按国家有关规定履行报批手续。

②债务业务控制。为降低资金链断裂的风险，《手册》规定，总会计师有权在紧急状况下进行大额资金融资的一切权限。

假设不考虑其他因素。

要求：

1. 根据资料（1），逐项判断事项①～②甲单位的做法是否存在不当之处；如存在不当之处，请说明理由。

2. 根据资料（2），判断甲单位的做法是否存在不当之处；如存在不当之处，请说明理由。

3. 根据资料（3），逐项判断事项①～②甲单位的做法是否存在不当之处；如存在不当之处，请说明理由。

4. 根据资料（4），逐项判断事项①～②甲单位的做法是否存在不当之处；如存在不当之处，请说明理由。

案例分析题七（本题 10 分）

甲公司是一家医药批发与零售的具有全国性网络的医药物流上市公司，涉及 7 大板块，其主要客户是医疗机构、批发企业、零售药店。随着集团快速扩张，分、子公司数量与规模不断提升，对各级公司的管理半径及专业性提出了更高要求。随着现代互联网技术的不断发展进步，医药流通行业也和互联网技术不断融合，集团为打造"互联网＋医疗健康"模式，计划召开财务共享中心建设专门会议。资料如下：

（1）财务总监：集团下属企业板块众多，分散在全国各大中小城市，下属成员单位有 260 余家，每个单位都要进行会计核算，主要业务包括上游的付款单据匹配、下游的收款认领业务、费控报销等。集团规定，相同的业务按照会计准则进行会计处理。

（2）总经理：集团计划按照"提高效率、业财一体化、集中化、数字智能化、风险管控可视化"等方面进行财务共享的建设规划。建设财务共享服务中心实现全面共享，分、子公司和事业部的全部业务范围基础核算将转移到财务共享中心集中进行会计核算。

（3）人力资源总监：如果将分、子公司财务会计核算人员集中到财务共享中心，财务共享中心的人员职能和原分、子公司的财务人员的职能要进行合理安排。

要求：

1. 根据资料（1），指出会计核算采用财务共享服务模式的原因。

2. 根据资料（2），指出财务共享服务与财务集中有何关系；财务共享服务中心从覆盖范围划分属于何种类型？

3. 根据资料（3），指出分、子公司财务部门、财务共享中心、企业集团财务管理部门的职责如何划分。

案例分析题八（本题 20 分，第八题、第九题为选答题，考生应选其中一题作答）

甲单位为一家中央级环保事业单位，甲单位总会计师郑某召集相关人员召开了会议，集中就以下事项听取汇报和处理建议：

（1）甲单位因环保任务不断增加，需要增加编制并增加基本支出 260 万元。为此，甲单位在编制预算时，首先通过基本支出结转资金予以安排。

（2）甲单位"植物系统中砷迁移转化机制"项目原计划于 2022 年 1 ~ 9 月实施，经批复的项目支出预算为 200 万元，全部由财政以授权支付方式拨付。甲单位已收到 150 万元授权支付额度。由于该项目场地不满足要求，尚未开始实施。考虑到 D 课题被要求尽快结项，财务处从实验项目经费中列支 60 万元，用于正在进行的 D 课题的部分开支。

（3）甲单位经领导班子批准，于 6 月 1 日以存货换入一辆汽车。该批存货账面价值为 22 万元，经财政部核准的资产评估报告所确认的评估价值为 18 万元，甲单位以资产评估报告所确认的评估价值作为置换汽车的参考依据，换入了汽车。

（4）甲单位为完成"重离子加速器"项目，采取公开招标方式进行采购。为此，甲单位采取了如下做法：①发布了招标公告，公告期限根据财政部指定媒体最先发布公告之日起算，公告期限为 3 个工作日；②甲单位自收到评标报告之日起 5 个工作日内，在评标报告确定的中标候选人名单中按顺序确定了中标人。

（5）9 月 10 日，甲单位管理层研究决定，拟将一栋闲置的临街旧办公楼对外出租，租期为 2023 年 1 月 1 日至 2024 年 12 月 31 日，该出租事项已报主管部门备案。该办公楼的资金来源为某民间人士的捐赠，账面原值为 1 300 万元。第 1 年租金收入 100 万元已收到，甲单位将其纳入预算，统一核算，统一管理。

（6）甲单位计划申请财政专项资金，购置一台环保科研仪器，购置费预算 1 000 万元（超出资产配置的规定限额）。财务处建议将该项支出列入下年度项目预算草案，并在向上级主管部门报送预算草案及项目申报文本时一并递交资产购置申请。

（7）甲单位在编制下年度预算中发现，由于社会发展需要，支出增加较快，形成较大的资金缺口。对此，财务处建议，预算的编制要稳妥可靠，量入为出，收支平衡，不编制赤字预算。

（8）9 月 10 日，甲单位经办公会研究决定，为了提高资金使用效率，对预计年底将形成的结转资金用于购买国债，以获取超过存款利率水平的收益。

（9）甲单位为了满足社会公益需要，决定加大环保科研投入，加快雾霾治理，申请设立环保科研项目，申请专项经费 800 万元。按照"谁申请资金，谁设定目标"的原则，甲单位依据国家相关法律法规以及本单位职能，设定了相应的具体细化的绩效目标。

假设不考虑其他因素。

要求： 根据国家部门预算管理、国有资产管理、预算绩效管理等相关规定，逐项判断财务处对事项（1）~（9）的处理是否存在不当之处；如存在不当之处，请说明理由。

案例分析题九（本题 20 分）

甲公司是一家国有控股的 A 股上市公司，主要从事新能源高科技产品的研发、生产、销售以及提供解决方案。为了企业可持续发展，公司管理层召开会议，讨论有关投资、股权激励、套期保值等事项，下面是有关与会人员的发言：

董事长：我们公司改制上市已有 8 个年头，企业已进入稳定增长期。为了激励员工斗志，享受企业成长的成果，有必要实施股权激励计划。考虑到目前我们公司现金不充裕，我赞成采用限制性股票激励方式。我提出三点建议：①我们虽然是国有控股上市公司，应该讲政治，但市场经济环境下也要利用经济杠杆调动全体员工的积极性，建议本次股权激励对象为所有在我公司领取报酬的人员，包括公司高管（含独立董事）、监事、高级技术人员、业务骨干和普通员工，根据岗位性质及其贡献大小获得相应的限制性股票；②为了达到好的效果，股权激励要有力度，全部在有效期内的股权激励计划所涉及的标的股票总量应占股本总额的 20%；③为了公司可持续发展，建议股权激励计划有效期为 8 年，其中行权限制期 6 年，行权有效期 2 年。

总经理：近期由于新冠肺炎疫情反复，外贸形势很差，造成赊销金额大、收款期长。由于采用美元进行结算，带来了很大的汇率变化风险。为此，我提出几点建议：①我们应该与金融机构签订远期外汇契约，对外币应收账款采用卖出套期进行套期保值，规避汇率变动风险；②将该套期分类为公允价值套期；③在满足运用套期会计方法条件时，将套期工具产生的利得或损失计入其他综合收益；被套期项目不改变计量属性，不确认损益。

投资部经理：针对目前经济环境高度不确定的情况，我建议谨慎从事股权性投资，多做债权性投资。近期某著名上市公司发行债券，我提几点建议：①购入该债券 5 000 万元，持有目标是既以收取合同现金流量为目标又以出售为目标，以保证流动性，将该债券分类为以公允价值计量且其变动计入其他综合收益的金融资产；②持有期间该债券公允价值变动计入其他综合收益；③为满足流动性需要可以出售该债券，购买方如果无法收到该债券的现金流量时，有权利向本公司追偿。鉴于已出售资产，本公司应终止确认该债券，同时确认损益。

资金部经理：由于经济下行，我公司销售回款下降，导致流动资金紧张。为此，我提出几点建议：①以面值发行 20 亿元永续债，根据目前实际市场利率 6% 来支付每年票息；利息付款额的净现值反映了该工具的公允价值，建议将该永续债分类为金融负债；②该永续债采用摊余成本计量，发行费用直接计入当期损益；③该永续债产生的利得或损失在终止确认时计入当期损益或在按照实际利率法摊销时计入相关期间损益。

财务部经理：我同意董事长进行股权激励的建议，我再补充两点想法：①采用权益结算的股份支付，无须支付现金，不会产生费用拖累公司业绩；②应当在等待期内的每个资产负债表日，按照权益工具在资产负债表日的公允价值，增加应付职工薪酬，冲减所有者权益。

假定不考虑其他有关因素。

要求：

1. 根据董事长的发言，分别判断建议①~③是否存在不当之处；存在不当之处的，请分别指出不当之处，并逐项说明理由。

2. 根据总经理的发言，分别判断建议①~③是否存在不当之处；存在不当之处的，请分别指出不当之处，并逐项说明理由。

3. 根据投资部经理的发言，分别判断建议①~③是否存在不当之处；存在不当之处的，请分别指出不当之处，并逐项说明理由。

4. 根据资金部经理的发言，分别判断建议①~③是否存在不当之处；存在不当之处的，请分别指出不当之处，并逐项说明理由。

5. 根据财务部经理的发言，分别判断想法①~②是否存在不当之处；存在不当之处的，请分别指出不当之处，并逐项说明理由。

2023 年度高级会计资格
《高级会计实务》全真模拟试题（一）
参考答案及解析

案例分析题一

1. 甲公司面临的国内行业竞争程度较为激烈，这可以从两个方面得到反映。一是现有企业间的竞争十分激烈；二是新进入企业也跃跃欲试，会进一步加剧行业竞争程度。

2. 甲公司选择了成长型战略中的密集型战略，分别体现为市场开发和产品开发战略。

3. 一是研发能力，二是营销能力。

4. 甲公司应采用扩张型财务战略，其优点是通过新产品或市场发展空间，给公司带来新的利润增长点和现金流；缺点是一旦失误，财务状况会恶化。

案例分析题二

1. 从公司 2022 年预算实际执行情况来看，存在以下特征或问题：（1）与上年同比增减数据显示，营业收入、净利润、经营现金流均明显下降，分别下降了 27.18%、134.16%、121%。尤其是归母净利润下降幅度更大，说明公司的成本结构中固定成本占比较大，导致经营弹性大，营业收入变化对净利润波动的影响程度较高。此外，经营现金净流量出现负值，说明在存货、往来款等营运资本管理方面存在改进空间。（2）与本年预算相比较，预算执行偏离度太大，说明在预算编制时没有充分考虑到外部环境的巨大变化和发展趋势，期间也没有适时进行预算调整。

2. 公司在组织编制 2023 年度预算时在总体原则上不应该轻易变更业务模式，也不应该删除重大投资项目。预算应严格遵循战略导向原则。同时，公司目前的资产负债率（54.79%）尚处于良性区间，充分盘活存量资源，适度增加负债，在总体风险可控的前提下，积极投资完成战略布局，为未来增添发展动力。

3. 绩效评价的目标值的确定可参考内部标准和外部标准。内部标准有预算标准、历史标准等。外部标准有行业标准、竞争对手标准、标杆标准等。甲公司应该同时参考内部标准和外部标准，并加大外部标准的比重。尤其在当下甲公司所在行业处于艰难期时，参考外部标准可以让管理者更加关注外部环境和同业竞争者的动态趋势和业绩水准，发现差异及时改进，同时也保证了绩效考评的可比性和公平性。

4. 平衡计分卡聚焦于企业战略，从财务、客户、内部业务流程、学习与成长四个维度，将战略目标逐层分解转化为具体的、相互平衡的绩效指标体系，并据此进行绩效管理的方法。平衡计分卡的核心理念是：利润最大化是短期的，企业应体现战略目标，致力于追求未来的核心竞争能力。采用多重指标、从多个维度或层面对企业或分部进行绩效评价更加客观全面。

平衡计分卡的有效应用，应遵循以下三个原则：（1）各个层面的指标间具有因果关系；（2）结果计量指标与绩效动因相关联；（3）与财务指标挂钩。

案例分析题三

1. 甲公司确定的公司治理目标存在不当之处。

理由：公司治理目标不仅是股东利益的最大化，而且是保证所有利益相关者的利益最大化。

2. 资料（2）中：

事项①按来源和范围分类，属于外部风险。

理由：外部风险来源于企业外部，境外政治政策变动风险属于外部风险。

事项②按能否为企业带来盈利等机会分类，属于机会风险。

理由：机会风险是指能够带来损失和盈利的可能性并存的风险，汇率升降可能给企业带来盈利，也可能带来损失。

事项③按采取应对措施及其有效性分类，属于剩余风险。

理由：剩余风险是指在管理层建立并采取风险应对措施之后所剩余的影响目标实现的风险。

3. 资料（3）中：

事项①甲公司采取的是风险降低（风险控制）策略。

理由：通过控制风险事件发生的动因、环境、条件等，来达到减轻风险事件发生时的损失或降低风险事件发生概率的目的。

事项②甲公司采取的是风险分担（风险对冲）策略。

理由：甲公司签订远期外汇合约，引入多个风险因素，使得这些风险能够相互对冲。

事项③甲公司采取的是风险承受策略。

理由：企业对所面临的风险采取接受的态度，从而承担风险带来的后果。

4. 甲公司分析外汇贬值带来的影响所采用的是敏感性分析。

5. 甲公司董事长审批合同的做法存在不当之处。

理由：对于重大的业务和事项，企业应当实行集体决策审批或者联签制度，任何个人不得单独进行决策。

6. 甲公司的做法不存在不当之处。

案例分析题四

1. 定向增发类型。目的：一是引入战略投资者以改善公司治理与管理；二是实现资产收购；三是深化国企改革、发展混合所有制的需要。

2. 最低价格为 40 元，机构投资者承诺符合要求。按照规定，机构投资者不属于控股型股东，不需要持有 18 个月，而是满 6 个月就可以出售。

3. 转换比率 = 债券面值 ÷ 转换价格 = $200 \div 20 = 10$

转换价值 = 转换比率 × 股票市价 = $10 \times 27 = 270$（元）

4. 可转换公司债券涉及的要素包括：基准股票、转换期、转换价格、赎回条款、回售条款。

5. 融资大类是分拆上市，属于其中的对已上市公司（包括母公司或下属子公司），将其中部分业务单独分拆出来后独立上市。

分拆上市可以集团多渠道融资，形成对子公司管理层的有效激励和约束，解决投资不足问题，使母、子公司的价值得以正确评判。缺点是有向市场"圈钱"嫌疑，从而影响集团财务形象；同时使得甲公司集团治理及财务管控难度增加。

案例分析题五

1. 分配率 = $18 \div (5 + 4) = 2$

A 产品应分配的环境成本 = $5 \times 2 = 10$（万元）

B 产品应分配的环境成本 = $4 \times 2 = 8$（万元）

2. 计算过程如下表所示：

作业成本库	消耗资源（万元）	成本动因	分配率	分配额（万元）		作业量	
				A 产品	B 产品	A 产品	B 产品
废弃物搬运成本库	20 000	搬运次数	20	2 000	18 000	100	900
焚化炉启动成本库	40 000	启动次数	400	16 000	24 000	40	60
焚化炉运转成本库	80 000	运转小时	80	48 000	32 000	600	400
废弃物弃置成本库	40 000	吨数	40	18 000	22 000	45	55
合计	180 000			84 000	96 000		

A 产品分摊 84 000 元；B 产品分摊 96 000 元。

3. B 产品。理由：废弃物搬运的作业动因是搬运次数，B 产品的搬运次数最高，并且单位搬运成本也最高。

4. 第①项：历史环境成本；第②项：运营环境成本；第③项：未来环境成本。

案例分析题六

1. 并购动机：（1）寻求发展动机。迅速实现规模扩张；突破进入壁垒和规模限制，利用乙公司现有的全球供应链和市场网络，实现全球布局；加强市场控制力，在全球优质奶源基地布局和婴幼儿配方奶粉的品牌影响力等方面获取竞争优势。（2）发挥协同效应。尤其是在上游奶源基地和下游市场网络、国内与国际两个市场的双循环协同发展等方面的经营协同效应明显。

2. 并购决策分析计算：

并购溢价 = 182 – 160 = 22（亿元）

并购净收益 = 50 – 22 – 0.8 = 27.2（亿元）

托宾 Q（按实际并购成本口径）= 182 ÷ 200 = 0.91 < 1

并购净收益显著大于 0，并且托宾 Q 值小于 1，所以从财务分析角度，此次并购可行。

3. 并购类型：控股并购；横向并购；善意并购；协议 + 要约收购。

4. 并购后整合策略：共存型整合。理由：共存型整合的并购双方在战略和资源上相互依赖和支持，但保持各自的法人地位，相对独立开展经营管理。

案例分析题七

1. 平行关系。优点：协同合作，汇报层级较少，有利于提高组织效率。

2. （1）财务共享中心的特有核心子系统有电子影像系统、网上报账系统、会计核算系统。（2）电子影像系统解决异地实物单据传递问题，节省人力物力，降本提效，便于调阅、审核、归档。网上报账系统信息采集规范化、标准化；信息传递无纸化、自动化，提高流程效率；提高业务处理全流程透明度。会计核算系统高度集成融合确保业务处理及时准确；灵活多样的信息分析和展示促进决策支持。

3. 恰当。

4. （1）RPA 可以按照事先约定好的规则，通过对计算机进行点击鼠标、敲击键盘等进行数据处理等操作。设计 RPA 时首先需要梳理出对某类业务的操作流程，然后将流程和相应的文件、数据都标准化，最后编写 RPA 程序。RPA 因提高了办公工作自动化程度，提高了生产效率，彻底消除人为错误而受到了很多发达国家企业的青睐。现阶段 RPA 应用最为广泛的领域集中在一般性事务、财务工作、税务工作等方面。

（2）大数据技术是指运用计算机软硬件强大的计算能力，对海量的数据按照一定的算法进行分析的技术的统称。这将帮助企业从海量数据中挖掘有价值的信息，支持企业管理者作出更明智的战略及经营决策。数据也将成为企业重要的资产，形成企业核心竞争力，影响着企业的未来。

案例分析题八

1. 资料（1）中：

事项①不存在不当之处。

事项②存在不当之处。

理由：所有项目纳入项目库管理，年度预算安排项目从项目库中择优选取；在预算执行中需要调增当年预算的项目，应通过部门其他已列入预算安排的项目调减的当年指标解决，部门预算申请调剂时应将调增和调减的项目同时报财政部审批。

事项③存在不当之处。

理由：对当年批复的预算，预计年底将形成结转资金的部分，除基本建设项目外，中央部门按照规定程序报经批准后，可调减当年预算或调剂用于其他急需资金的支出。

2. 资料（2）中：

事项①存在不当之处。

理由：面向市场主体开展需求调查时，选择的调查对象一般不少于 3 个，并应当具有代表性。

事项②存在不当之处。

理由：采购预算金额在 1 000 万元以上的采购项目，评标委员会成员人数应当为 7 人以上单数。

3. 资料（3）中：

事项①存在不当之处。

理由：事业单位国有资产转让，应当对相关国有资产进行评估。

事项②存在不当之处。

理由：处置单位价值（账面原值）1 500 万元以上的国有资产，应当经各部门审核同意后报财政部当地监管局审核，审核通过后由各部门报财政部审批。

4. 资料（4）中：

事项①不存在不当之处。

事项②存在不当之处。

理由：单位应当指定不办理货币资金业务的会计人员定期或不定期抽查盘点现金，核对银行存款余额，抽查银行对账单、银行日记账及银行存款余额表，核对是否账实相符、账账相符。

5. 资料（5）中：

事项①存在不当之处。

理由：原则上指标权重统一按以下方式设置：对于设置成本指标的项目，成本指标 20%、产出指标 40%、效益指标 20%、满意度指标 10%，其余 10% 的分值权重为预算执行率指标，编制预算时不设置，开展自评时使用。

事项②存在不当之处。

理由：每年 8 月，中央部门要集中对 1～7 月预算执行情况和绩效目标实现程度开展一次绩效监控汇总分析。

案例分析题九

1. 资料（1）中：

事项①存在不当之处。

理由：上市公司在推出股权激励计划时，可以设置预留权益，预留比例不得超过本次股权激励计划拟授予权益数量的 20%。实际预留比例占本激励计划拟授予限制性股票总数的 21.05%（100.16÷475.90）。

事项②存在不当之处。

理由：上市公司应当在召开股东大会前，通过公司网站或者其他途径，在公司内部公示激励对象的姓名和职务，公示期不少于 10 日。

事项③不存在不当之处。

事项④存在不当之处。

理由：企业回购股份时，按照回购股份的全部支出作为库存股处理，同时进行备查登记。

2. 资料（2）中：

事项①正确。

注：甲公司签订了一项 6 个月后以固定价格购买铜的合同（尚未确认的确定承诺），相当于持有铜材料，为了回避原材料价格下跌，应采用卖出套期。

事项②正确。

注：为了回避铜材料价格风险，签订了一项未来卖出铜的期货合约，对该确定承诺的价格风险引起的公允价值变动风险敞口进行套期，属于公允价值套期。

事项③不正确。

正确的处理：公允价值套期满足运用套期会计方法条件的，套期工具产生的利得或损失应当计入当期损益；被套期项目因被套期风险敞口形成的利得或损失应当计入当期损益。

3. 资料（3）中：

事项①不正确。

正确的处理：债券的初始确认金额为 965.54 万元，即支付的相关交易费用 5 万元应计入初始确认金额。

事项②正确。

注：企业以预期信用损失为基础，对以摊余成本计量的金融资产和以公允价值计

量且其变动计入其他综合收益的金融资产等进行减值会计处理并确认损失准备。

事项③不正确。

正确的处理：如果该金融工具的信用风险自初始确认后并未显著增加，企业应当按照相当于该金融工具未来 12 个月内预期信用损失的金额计量其损失准备。

4. 资料（4）中：

事项①不正确。

理由：企业出售短期应收款项，并且全额补偿转入方可能因被转移金融资产发生的信用损失，企业保留了该金融资产所有权上几乎所有的风险和报酬，不应终止确认所出售的金融资产。

事项②不正确。

理由：不符合终止确认条件的金融资产转移，企业应当继续确认所转移金融资产整体，并将收到的对价确认为一项金融负债。

5. 资料（5）中甲公司对发行的股票的分类正确。

注：甲公司可以决定是否发起筹资活动或寻求 IPO，鉴于甲公司可以通过避免筹资或 IPO 来避免赎回股票，该工具应分类为权益工具。

2023 年度高级会计资格
《高级会计实务》全真模拟试题（二）
参考答案及解析

案例分析题一

1. 可持续增长率 $=0.6\times10\%\times2\times0.5\div(1-0.6\times10\%\times2\times0.5)=0.06\div0.94=6.38\%$ 。

或者：可持续增长率 $=$ 权益净利率 $\times$ 收益留存率 $\div$ （1－权益净利率 $\times$ 收益留存率）$=(100\div1\,000)\times(60\div100)\div[1-(100\div1\,000)\times(60\div100)]=0.1\times0.6\div(1-0.1\times0.6)=6.38\%$ 。

2. 公司收购下游企业实现销售渠道的整合，目的是实现进一步的发展，其从公司战略类型角度来看是公司成长战略中的一体化战略，由于是收购渠道，所以是纵向一体化战略，而且是其中的前向一体化战略。

3. 总经理说法正确，因为公司战略选择需要结合适用条件。企业可能会由于资源状况不足，使其抓不住新的发展机会，因而选择相对稳定的战略态势。总经理选择的是稳定型发展战略。

4. 设销售净利率为 x，则：$x\times10\%\times2\times0.5\div(1-x\times10\%\times2\times0.5)=10\%$ ，计算得到 x＝90.9% 。

5. 销售资产方式融资。

6. 总部结算中心模式。集团资金管理的好处主要有：增强集团融资与偿债能力；优化资源配置；加速集团内部资金周转，提高资金使用效率。

案例分析题二

1. 固定预算法主要适用于业务量水平稳定的企业的成本费用预算。弹性预算法适用于市场、产能等存在较大不确定性，且其预算项目与业务量之间存在明显的数量依存关系的预算项目，其优点是更贴近企业经营管理实际情况。

2. 公式法和列表法。

3. 甲公司预算执行的不足之处是：（1）营业收入增长过慢，低于预算和本公司的标杆 T 公司。下一步公司应该进一步加强市场营销，努力实现收入增长。（2）部分指标和对标企业的差距甚大，仍需不断改进。

4. 对比分析、对标分析、差异分析（回答因素分析的不得分）。

案例分析题三

1. 全面性原则和重要性原则。

2. 战略规划部建议所采用的是压力测试风险分析技术。

企业面临的信息系统崩溃风险，从能否带来企业盈利等机会分类，属于纯粹风险。

3. 研发中心建议采取的是风险降低中的风险转换策略。

4. 资料（2）中：

事项①做法存在不当之处。

理由：对于重大业务和事项，企业应当实行集体决策审批，任何个人不得单独进行决策。

事项②做法不存在不当之处。

5. 资料（3）中：

第①项措施存在不当之处。

理由：企业应保证内部审计机构设置、人员配备和工作的独立性。

第②项措施不存在不当之处。

案例分析题四

1. 经济增加值 EVA =（营业利润 + 研发费用 + 利息支出）×（1 − 25%）− 资本占用 × 综合资本成本率 =（20 000 + 1 000 + 10 000）×（1 − 25%）−（74 000 + 96 000）× 10% = 31 000 − 170 000 × 10% = 14 000（万元）。

注：利息费用和研发费用资本化均未相应调整资本占用。

2. 由于并购后甲公司存续，而乙公司解散，故属于吸收合并；若从竞争角度看，由于乙公司属于甲公司的竞争者，两企业处于同行业同地域，因此该并购为横向并购。

3. 收购市盈率 P/E = 150 000 ÷ 13 600 = 11.03（倍）。

4. 乙公司的企业价值 EV = 股权的市场价值 +（有息债务 − 超额现金）= 150 000 +（74 000 − 5 000）= 219 000（万元）。

5. EV/EBITDA = 219 000 ÷（20 000 + 10 000 + 10 000）= 5.48（倍）。

注：EBITDA = 营业利润 + 利息支出 + 折旧费用。

6. 从可比公司 A 公司的 P/E 和 EV/EBITDA 这两项指标来看，A 公司 P/E 值

（10.8）略小于乙公司（11.03）；A 公司 EV/EBITDA 指标（6 倍）略高于乙公司（5.48 倍）。由于不同的计算方法估计的公司价值结果会有些许差异，应考虑到公司并购后将会以更快的速度发展以及潜在的并购协同价值，因此从整体上而言，公司的并购价格是合理的。

7. 融资方案一（向战略投资者进行定向增发新股）较优。

理由：为了控制企业的总体风险，企业应当选择稳健的融资战略。鉴于并购前甲公司资产负债率已经高企（66.7%），如果再加大借款幅度，将进一步增加财务杠杆，容易导致风险失控。选择股权融资方案将为公司提供稳定的长期资金来源，降低资产负债率，有助于降低财务风险。但缺陷是股权融资在企业经营效率不能得到实质性提升的情形下，会摊薄业绩，降低每股收益和净资产收益率。

案例分析题五

1. 目标成本 = 37 200 × 50% = 18 600（元）；销售利润率 =（37 200 – 18 600 – 10 000）÷ 37 200 = 23.1%。

2. 不应该批准，由于该产品的目标成本尚未达到，试产的实际成本 21 020 元大于目标成本 18 600 元，应继续进行改进设计、继续研发。

3. 变动成本法下的单位产品成本 = 7 200 + 5 600 + 4 200 = 17 000（元）；计划单位产品边际贡献 = 37 200 – 17 000 = 20 200（元）。

4. 应该接受。理由：在产能富余的情况下，边际贡献大于零即可接单。（或：在变动成本法下，是否接受追加订单的决策，要看接受追加订单所带来的边际贡献是否大于该追加订单所引起的相关成本。如果追加订单不会影响正常订单的实现，只要追加订单量在企业剩余生产能力范围内，且剩余生产能力无法转移，同时不需追加投入专属成本，那么只要追加订单能够产生边际贡献，即追加订单的单价大于该产品的单位变动成本，就应当接受该追加订单。）

案例分析题六

1. 会计处理效率低下、会计信息的可靠程度降低、会计处理成本较高、集团管控力度降低。

2. 独立经营模式。

3. 不正确。ERP 主要是打通企业内部信息壁垒，实现业务端到财务端的自动化处理，属于企业管理信息系统，是基于供应链优化的企业资源管理。而财务共享中心是打通不同分支机构地域之间的信息传递壁垒，实现业务在集团的统一集中处理，是在 ERP 系统上建立的升级和改进，是财务管理变革。

4. 新型财务共享服务模式。革新：（1）企业通过云软件可以实现与上下游企业及政府税务系统的信息共享。（2）以高质量的电子数据作为记账依据，提升处理效率。

（3）降低企业信息系统使用成本。（4）不单设实体财务共享中心，避免流程再造，降低财务共享的难度。

案例分析题七

1. 资料（1）中：

事项①不存在不当之处。

事项②存在不当之处。

理由：办理资金支付原则上应当通过预算单位零余额账户支付资金。

2. 资料（2）中：

事项①存在不当之处。

理由：采购人代表不得担任评标组长。

事项②存在不当之处。

理由：评标委员会成员不得参加开标活动。

3. 资料（3）中：

事项①存在不当之处。

理由：项目支出评价是对项目支出的经济性、效率性、效益性和公平性进行客观、公正的测量、分析和评判。

事项②不存在不当之处。

4. 资料（4）中：

事项①存在不当之处。

理由：该股权转让投资收益 = 转让价 1 000 - 投资成本 850 = 150（万元）。

注：这是国有资产管理口径的投资收益。

事项②存在不当之处。

理由：应上缴中央国库金额 = 转让对价 1 000 - 投资收益 150 - 税金、评估费等相关费用 30 = 820（万元）。

5. 资料（5）中：

事项①存在不当之处。

理由：面向市场主体开展需求调查时，选择的调查对象一般不少于 3 个，并应当具有代表性。

事项②不存在不当之处。

案例分析题八

1. 资料（1）中的事项①对永续债的分类不正确。

理由：首先，因为受市场对生产经营的影响等因素，能否有足够的资金支付到期的债务不在甲公司的控制范围内，即其无法控制是否会对债务产生违约；其次，当甲公司对债务产生违约时，其无法控制持有人大会是否会通过上述豁免的方案。而当持有人大会决定不豁免时，永续债本息就到期应付。因此，甲公司不能无条件地避免以交付现金或其他金融资产来履行一项合同义务，该永续债符合金融负债的定义，应当被分类为金融负债。

2. 资料（1）中的事项②对优先股的分类不正确。

理由：因转股价格是变动的，未来须交付的普通股数量是可变的。因此，将来须以企业自身权益工具结算，且该合同是一项非衍生工具，该工具使甲公司承担交付可变数量自身权益工具的义务，应将该优先股分类为金融负债。

3. 资料（2）中的事项①首次授予的股票数量不存在不当之处。

注：国有控股上市公司首次授权授予数量应控制在上市公司股本总额的1%以内。

4. 资料（2）中的事项②预留限制性股票数量存在不当之处。

理由：上市公司在推出股权激励计划时，可以设置预留权益，预留比例不得超过本次股权激励计划拟授予权益数量的20%。

5. 资料（2）中的事项③授予日的会计处理不正确。

正确的会计处理：对于授予后立即可行权的换取职工提供服务的权益结算的股份支付，应在授予日按照权益工具的公允价值，将取得的服务计入相关资产成本或当期费用，同时计入资本公积。

6. 资料（3）中的事项①，公允价值套期、现金流量套期或境外经营净投资套期同时满足下列条件的，才能运用套期会计准则规定的套期会计方法进行处理：套期关系仅由符合条件的套期工具和被套期项目组成；在套期开始时，企业正式指定了套期工具和被套期项目，并准备了关于套期关系和企业从事套期的风险管理策略和风险管理目标的书面文件；套期关系符合套期有效性要求。

7. 资料（3）中的事项②，套期的分类正确。

注：企业签订以浮动利率换固定利率的利率互换合约，对其承担的浮动利率债务的利率风险引起的现金流量变动风险敞口进行套期，应分类为现金流量套期。

8. 资料（4）中：

事项①会计处理不正确。

理由：对于应收款项企业应当始终按照相当于整个存续期内预期信用损失的金额计量其损失准备。

事项②会计处理不正确。

理由：对于金融资产，信用损失应为企业应收取的合同现金流量与预期收取的现金流量之间差额的现值。

9. 资料（5）中：

事项①会计处理正确。

注：企业无条件出售金融资产，表明企业已将金融资产所有权上几乎所有的风险和报酬转移给转入方，应终止确认该金融资产，并将金融资产账面价值与收到的对价的差额计入当期损益。

事项②会计处理不正确。

理由：甲公司将债券出售给 A 公司，同时签订了看跌期权合约，A 公司有权将该债券返售给甲公司，并且从期权合约条款看，买方很可能会到期行权，A 公司将把债券返售给甲公司。因此，甲公司不应终止确认该债权投资，应将收到的价款确认为金融负债。

案例分析题九

1. 资料（1）中：

事项①做法不存在不当之处。

事项②做法存在不当之处。

理由：监控内容包括绩效目标完成情况、预算资金执行情况、重点政策和重大项目绩效延伸监控。

2. 资料（2）中：

事项①存在不当之处。

理由：事业单位在确定涉诉讼资产价值时，应当对相关国有资产进行评估。

事项②存在不当之处。

理由：中央级事业单位国有资产出租、出借，资产单项或批量价值（账面原值）在 800 万元人民币以上的，经主管部门审核后报财政部审批。

3. 资料（3）中：

事项①不存在不当之处。

事项②存在不当之处。

理由：在一级项目的支出控制数规模内，部门可替换二级项目，增加的二级项目必须是已申报纳入财政部项目库，且财政部未明确不予安排的项目；单位如需对控制数中已明确的二级项目进行调整，应报财政部批准。

事项③不存在不当之处。

4. 资料（4）中：

事项①存在不当之处。

理由：业绩情况作为资格条件时，要求供应商提供的同类业务一般不超过 2 个，并明确同类业务的具体范围。

事项②存在不当之处。

理由：采购人在预算执行过程中因购买自主创新产品确需超出采购预算的，可按规定程序申请调整。

5. 甲单位内部监督的做法存在不当之处。

理由：对于设立了独立内部审计部门或者专职内审岗位的单位，应当指定内审部门或者岗位作为内部监督的实施主体。

2023 年度高级会计资格
《高级会计实务》全真模拟试题（三）
参考答案及解析

案例分析题一

1. 公司应采用成长型战略，主要是密集型战略中的市场开发战略和产品开发战略，因为公司一方面拓展现有产品市场范围，另一方面积极开发新产品。

2. 所需的流动资产增量 = （20 × 30%） × （2 + 8 + 6） ÷ 20 = 4.8（亿元）；所需的外部净筹资额 = 4.8 – （20 × 30%） × （8 ÷ 20） – 20 × （1 + 30%） × 10% × （1 – 80%） = 1.88（亿元）。

3. 公司长期借款筹资战略规划可行。

理由：如果公司 2021 年外部净筹资额全部通过长期借款来满足，将会使公司资产负债率提高到 71.83% ［（10.4 + 12 + 1.88） ÷ （29 + 4.8） × 100%］，这一比例没有越过 75% 的资产负债率"红线"，所以可行。

4. A 产品全国市场增长率为 13%（ > 10%），相对市场份额 = 2 600 ÷ 4 200 = 0.62（ < 1），因此 A 产品属于市场增长率高、市场相对份额低的问号类产品；B 产品全国市场增长率为 6%（ < 10%），相对市场份额 = 8 800 ÷ 22 000 = 0.4（ < 1），因此 B 产品属于市场增长率低、市场相对份额低的瘦狗类产品；C 产品全国市场增长率为 1%（ < 10%），相对市场份额 = 14 500 ÷ 11 000 = 1.31（ > 1），因此 C 产品属于市场增长率低、相对市场份额高的金牛类产品。

案例分析题二

1. 不恰当。财务部部长的说法不符合全面预算管理的全面覆盖原则。

2. 不恰当。因为全面预算管理的功能中，规划和计划、沟通和协调、控制与监督也很重要，不能偏废，只看重绩效评价一个功能。

3. 不妥。预算管理办公室审核通过的预算需要经过董事会审议批准并报股东大会审批后才能下达执行。

4. 算术平均增长率 = [（1 810 − 1 600）÷ 1 600 × 100% +（2 400 − 1 810）÷ 1 810 × 100% +（2 800 − 2 400）÷ 2 400 × 100%]÷ 3 = 20.8%。

2022 年度目标利润 = 2 800 ×（1 + 20.8% + 5%）= 3 522.4（万元）。

5. 2022 年预计 EVA = 2 800 −（50 000 × 6%）= 2 800 − 3 000 = − 200（万元）。从经济增加值的表现来看，甲公司预计在 2022 年的绩效情况不佳。

案例分析题三

1. 资料（1）中，目标设定环节存在不当之处。

理由：风险偏好应由董事会确定。

2. 甲公司对应收账款计提坏账准备，采用的是风险降低（风险补偿）策略。

3. 资料（3）事项①不存在不当之处。

事项②存在不当之处。

理由：重大投资项目，应当按照规定权限和程序实行集体决策或者联签制度。

事项③存在不当之处。

理由：应对凭证进行连续编号。

4. 资料（4）事项①不存在不当之处。

事项②存在不当之处。

理由：内部控制评价报告经公司董事会批准后按要求对外披露或报送相关主管部门。

5. 资料（5）中存在不当之处。

理由：内部控制审计报告是注册会计师侧重对财务报告内部控制目标实施的审计评价，仅对财务报告内部控制的有效性发表意见。

案例分析题四

1. 甲公司的股权价值 = 2 × 20 × 100 = 4 000（万元）

乙公司的股权价值 = 1 × 10 × 80 = 800（万元）

2. 乙公司交易价值 = 11.25 × 80 = 900（万元）

甲公司每股价格 = 2 × 20 = 40（元/股）

甲公司应定向增发的股份数量 = 900 ÷ 40 = 22.5（万股）

换股比例 = 22.5 ÷ 80 = 0.28125∶1（每 1 股乙公司股份换取 0.28125 股甲公司股份）

3. 并购收益 = 5 100 −（4 000 + 800）= 300（万元）

并购溢价 = 11.25 × 80 − 800 = 100（万元）

并购费用 = 50 + 30 + 10 = 90（万元）

并购净收益 = 300 − 100 − 90 = 110（万元）

因为并购净收益大于零，所以从财务角度分析，甲公司并购乙公司是可行的。

案例分析题五

1. 应该以作业成本法下的成本数据作决策，因为作业成本法下的成本可以提供更准确的成本信息，提升产品盈利能力决策的准确性。男衬衫的实际成本 = 21 + 5.5 + 15 = 41.5（元）；女衬衫的实际成本 = 24 + 6 + 19 = 49（元）。

2. 材料成本差异：男衬衫 = 21 − 20 = 1（元）；女衬衫 = 24 − 25 = −1（元）。

变动成本法下的生产成本：男衬衫 = 21 元，女衬衫 = 24 元。

3. 单位产品目标成本：男衬衫 = 80 × 40% = 32（元）；女衬衫 = 100 × 40% = 40（元）。

降低成本的空间：男衬衫 = 32 − 41.5 = −9.5（元）；女衬衫 = 40 − 49 = −9（元）。

4. 单位边际贡献：男衬衫 = 80 − 21 = 59（元）；女衬衫 = 100 − 24 = 76（元）。

案例分析题六

1. 资料（1）中：

事项①不存在不当之处。

事项②存在不当之处。

理由：项目预算一经批复，中央部门应当按照批复的项目支出预算组织项目实施，项目单位不得自行调整。

2. 资料（2）中：

事项①不存在不当之处。

事项②存在不当之处。

理由：全部预算支出应以预算项目的形式纳入项目库，进行全生命周期管理。

3. 资料（3）中：

事项①不存在不当之处。

注：采购人与首购产品供应商应签订期限不超过三年的创新产品购买合同。

事项②存在不当之处。

理由：甲单位在政府采购合同签订之日起 7 个工作日内，将合同副本报同级政府采购监管部门备案。

4. 资料（4）中：

事项①存在不当之处。

理由：中央级事业单位国有资产出租，资产单项价值在 800 万元人民币以上的，经主管部门审核后报财政部审批。

事项②存在不当之处。

理由：出租期限一般不超过 5 年。

事项③不存在不当之处。

案例分析题七

1. 平行关系。集团财务管理部门和财务共享服务中心的关系有两种：一种是平行关系，向财务总监汇报，协同合作，汇报层级较少，有利于提高组织效率；另一种是归属关系，服从于集团财务部门，由集团财务向总监汇报，推行力度减弱。

2. 财务共享服务中心的特点：

（1）业务量大。若企业达到一定的规模，拥有多家跨地域或跨国的分支机构，每个分公司、子公司都配备财务机构和财务人员，都需要进行会计处理工作。各个分公司、子公司都有大量的财务处理工作，这就会导致财务工作人员处理能力的增长跟不上会计核算业务的增长需要。

（2）分散化。企业的全球化经营造成分支机构地域分布较广泛，会计处理也相应地分散在当地分支机构。当企业作为整体对外报送会计信息时，需要把信息从各地收集起来，造成会计处理的效率较低。

（3）重复性高。各类经济业务都是大量的、定期的、规律性地重复出现的"经常性"业务。比如费用报销类的业务占到所有经济业务的 60% 以上。

（4）标准化程度高。会计处理工作，尤其是会计核算工作，要按照统一的会计制度（准则）进行核算，且同一类性质的经济业务应采用相同的会计处理标准。实务中，企业的业务类型大部分是可以标准化的，便于集中起来按照统一规则处理和自动化处理。只有少量的经济业务需要复杂的职业判断之后才能进行处理。这个集中处理会计业务的答案就叫财务共享服务中心。

3. （1）这是使用机器人流程自动化（RPA）技术，该技术可以模仿人在计算机上的操作，重复执行大量标准化业务的软件。RPA 可以按照事先约定好的规则，通过对计算机进行点击鼠标、敲击键盘等进行数据处理等操作。

（2）RPA 对财务共享服务的影响。财务工作的自动化程度提高、替代人工劳动，财务人员劳动强度下降。

（3）最大的特点是可以大量处理重复工作，7×24 小时工作，节约人力、降本提效，可以彻底避免出错，在开发软件的支持下易于学习。

案例分析题八

1. 资料（1）甲单位的处理正确。

2. 资料（2）甲单位的处理不正确。

理由：基本建设项目的结余资金，由财政部收回，单位不得自行安排使用。

3. 资料（3）甲单位的处理不正确。

理由：履约保证金的数额不得超过政府采购合同金额的10%，该笔保证金为合同金额的15%（300÷2 000），超过了规定比例。

4. 资料（4）中：

事项①的处理不正确。

理由：中央级事业单位一次性处置单位价值在1 500万元以上的国有资产，应当经主管部门审核同意后报财政当地监管局审核，审核通过后由主管部门报财政部审批。

事项②的处理正确。

注：中央级事业单位国有资产转让，以财政部、主管部门核准或备案的资产评估报告所确认的评估价值作为确定底价的参考依据。

事项③的处理不正确。

理由：意向交易价格低于评估结果90%的，应当报资产评估报告核准或者备案部门重新确认后交易，本次意向成交金额已低于评估价值的90%（2 500÷3 000＝83%），应重新确认。

5. 资料（5）乙单位的处理正确。

注：利用货币资金对外投资形成股权处置收入纳入单位预算，统一核算，统一管理。

6. 资料（6）乙单位的处理正确。

7. 资料（7）乙单位处理不正确。

理由：行政事业单位应当在做好财务管理、会计核算的基础上，全面盘点资产情况，完善资产卡片数据，编制资产报告，并按照财务隶属关系逐级上报。

8. 资料（8）中：

事项①的做法正确。

注：采购人采购服务项目、技术复杂，不能确定详细规定或具体要求，可以采用竞争性磋商方式。

事项②的做法不正确。

理由：从竞争性磋商文件发出之日起至供应商提交首次响应文件截止之日止不得少于10日。

事项③的做法不正确。

理由：磋商小组应当根据综合评分情况，按照评审得分由高到低顺序推荐3名以上成交候选供应商。

9. 资料（9）乙单位的处理中，支出功能分类不正确，支出经济分类正确。

理由：按支出功能分类，应列入"科学技术支出"。

案例分析题九

1. 甲公司计提减值的会计处理不正确。

理由：如果该金融工具的信用风险自初始确认后并未显著增加，企业应当按照相当于该金融工具未来 12 个月内预期信用损失的金额计量其损失准备。

2. 甲公司将债券公允价值变动（浮盈）计入其他综合收益，并在处置时将其他综合收益转入当期损益正确。

3. ①甲公司对未来购入原材料的预期交易采用买入套期保值正确。

②将该套期归类为公允价值套期不正确。

理由：现金流量套期是指对现金流量变动风险进行的套期，该现金流量变动源于与已确认资产或负债，极可能发生的预期交易，或与上述项目组成部分有关的特定风险，且将影响企业的损益。企业对极可能发生的预期交易，应分类为现金流量套期。

4. 计入成本费用的金额取决于资产负债表日的股票价格不正确。

理由：对于以现金结算的股份支付，企业应当在等待期内的每个资产负债表日，以对可行权情况的最佳估计为基础，按照企业承担负债的公允价值，将当前取得的服务计入相关资产成本或当期费用。

5. 甲公司对发行的永续债分类为金融负债不正确。

理由：尽管甲公司多年来均支付普通股股利，但由于甲公司能够根据相应的议事机制自主决定普通股股利的支付，并进而影响永续债利息的支付，对甲公司而言，该永续债利息并未形成支付现金或其他金融资产的合同义务；尽管甲公司有可能在第 5 年末行使其回购权，但是甲公司并没有回购的合同义务；虽然合同中存在利率跳升安排，但该安排也不构成企业无法避免的支付义务。因此，甲公司应将该永续债分类为权益工具。

6. 甲公司对出售国债进行终止确认，并确认损益不正确。

理由：企业出售金融资产并与转入方签订回购协议，协议规定企业将按固定价格回购，表明企业保留了金融资产所有者几乎所有的风险和报酬，不应终止确认金融资产，不确认损益，应将收到的价款确认为金融负债。

2023 年度高级会计资格
《高级会计实务》全真模拟试题（四）
参考答案及解析

案例分析题一

1. 最小区间为：7%～10%。

内含报酬率是净现值为零时的贴现率，因此随着贴现率的提高，净现值数值逐步减小并从正到负，因此贴现率最小的区间范围就是使得净现值在正负数值之间最近两个值。

2. 不合理。

理由：中介咨询费为已发生的沉没成本，不应作为决策考虑到内容，因此本项目可行。

3. 融资战略类型：股权融资战略。

股权融资战略存在的不足：股份容易被恶意收购从而引起控制权的变更，并且股权融资方式的成本也比较高。

财务经理论述存在的问题：公司火力发电项目不符合环保标准，不满足定向增发融资的募集项目投资方向标准；定向增发对象不得超过 10 名。

4. 不合理。

理由：不应该采用公司资本成本作为贴现率，应采用项目融资成本作为贴现率。

5. 不合理。

理由：财务公司服务对象被严格限定在企业集团内部成员单位这一范围之内。

收支一体化运作模式：成员单位在外部银行和财务公司分别开立账户，集团统一核准，成员单位内部结算在财务公司内部账户进行；资金收入统一集中；资金统一支付。

6. 总经理认为公司应采用收缩型战略，进一步讲属于转向战略。

案例分析题二

1. 2020 年之前采取的预算编制方式：权威式预算［或：自上而下式预算］。

2020 年采取的预算编制方式：混合式预算［或：上下结合式预算］。

2. 预算编制方法：增量预算法。

优点：编制简单，省时省力。

缺点：预算规模会逐步增大，可能会造成预算松弛及资源浪费。

3. 不恰当。

理由：年度全面预算草案经董事会审议通过后，应当报股东大会审议批准后下达执行。

4. 理由是恰当的。程序不恰当，预算调整的程序包括：分析、申请、审议、批准。

分为三步：第一步，执行单位逐级向预算管理委员会提出书面申请，详细说明调整理由、建议方案、调整前后预算指标的比较、调整后预算指标可能对企业预算总目标的影响。第二步，办公室审核分析报告并进行汇总编制年度预算调整方案，提交预算管理委员会。第三步，预算管理委员会审议，根据授权进行审批，或提交原审批机构审议批准，然后下达执行。

5. 合理。提高零部件设计的通用性，是降低相关作业的成本方法之一。

6. 对标管理。通过改进作业来降低资源消耗，从而达到降低成本的目的。

案例分析题三

1. 甲公司风险管理目标不存在不当之处。

2. 风险识别的应用技术包括调查问卷、风险组合清单、职能部门风险汇总、SWOT分析、高级研讨会及头脑风暴、损失事件数据追踪、内部审计、流程图、内部风险管理会议、每月管理和分析报告、金融市场活动的实时反馈、主要的外部指数和内部指数、政策变化追踪及相关性分析、决策树分析、事件树分析等。

3. 按照风险的来源和范围分类，汇率变动风险属于外部风险。

4. 甲公司对外汇风险进行套期保值，采取的是风险分担（风险对冲）的应对策略。

5. 资料（2）中：

事项①不存在不当之处。

事项②存在不当之处。

理由：对于新建工程项目，企业应按规定程序授权批准。对于重大的工程项目，应当报董事会或股东大会审议批准。

6. 资料（3）中存在不当之处。

理由：内部控制评价报告经企业董事会批准后按要求对外披露。

7. 资料（4）中：

事项①不存在不当之处。

事项②存在不当之处。

理由：在内部控制审计过程中，注册会计师可以根据实际情况对企业内部控制评价工作进行评估，判断是否利用企业内部审计人员、内部控制评价人员和其他人员的工作以及可利用程度，从而相应减轻本应由注册会计师执行的工作；但不能减轻注册会计师的责任。

案例分析题四

1. （1）从行业相关性角度，甲公司并购乙公司属于横向并购。

理由：甲公司与乙公司属于经营同类业务的企业。

（2）从被并购企业意愿角度，甲公司并购乙公司属于善意并购。

理由：并购双方经过充分沟通达成一致。

（3）从对价支付方式角度，甲公司并购乙公司属于混合支付方式并购。

理由：并购方采用股份加现金组合方式换取被并购方股权。

2. 可比公司无负债经营 β 值 = 可比公司负债经营 β 值 $\div [\,1 + (\,1 - T\,) \times (\,D/E\,)\,]$

$\qquad\qquad\qquad\qquad = 1.40 \div [\,1 + (\,1 - 25\% \,) \times (\,50\% /50\% \,)\,] = 0.8$

乙公司负债经营 β 值 $= 0.8 \times [\,1 + (\,1 - 25\% \,) \times (\,60\% \div 40\% \,)\,] = 1.7$

$r_e = 5\% + 1.7 \times (\,10\% - 5\% \,) = 13.5\%$

$r_d = 10\% \times (\,1 - 25\% \,) = 7.5\%$

$r_{wacc} = 13.5\% \times 40\% + 7.5\% \times 60\% = 9.9\%$

3. 乙公司 2021 年扣除非经常性损益后的税后净利润 $= 2 - 0.2 = 1.8$（亿元）

乙公司股权价值 $= 1.8 \times 15 = 27$（亿元）

4. （1）计算并购收益和并购净收益。

并购收益 $= 235 - (\,200 + 27\,) = 8$（亿元）

并购溢价 $= 30 - 27 = 3$（亿元）

并购净收益 $= 8 - 3 - 0.5 = 4.5$（亿元）

（2）判断并购是否可行。

甲公司并购乙公司后能够产生 4.5 亿元的并购净收益，从财务角度分析，此项并购交易可行。

案例分析题五

1. （1）计算 2019 ~ 2022 年相关核心财务绩效指标。

项目	2019 年	2020 年	2021 年	2022 年	行业平均水平
资产负债率（%）	59.76	65.79	69.44	71.77	50
总资产周转率（次）	0.20	0.36	0.53	0.64	0.8
净资产收益率（%）	1.00	2.93	5.61	7.02	8
销售增长率（%）	—	100	75	43	20

说明：在计算总资产周转率时，由于债务在期初即占用，利润平均计入净资产，因此，平均总资产 = 平均债务 + 平均净资产；债务平均占用 = 期末债务；净资产平均占用 =（期初净资产 + 期末净资产）÷2。

（2）简要财务分析。

从资产负债率角度分析，公司负债水平逐年提高，且大大高于行业平均水平，表明公司财务风险较大，偿债能力较差。

从总资产周转率角度分析，公司总资产周转速度尽管逐年提高，但仍然低于行业平均水平，表明公司营运能力不强。

从净资产收益率角度分析，公司盈利能力逐年提高，但仍未达到行业平均水平，表明公司盈利能力不强。

从营业收入增长率角度分析，公司营业收入增长率从超高速逐年降低，但仍然高于行业平均水平，表明公司发展能力较强，但增长动能衰减，存在均值回归趋势。

2. 计算 2019~2022 年经济增加值相关指标。

项目	2019 年	2020 年	2021 年	2022 年
有息债务平均占用（万元）	300 000	400 000	500 000	600 000
权益资本平均占用（万元）	201 000	205 000	214 000	228 000
平均资本占用（投资资本）（万元）	501 000	605 000	714 000	828 000
投资资本回报率（%）	2.79	3.64	4.48	4.83
加权平均资金成本（%）	6.41	6.03	5.80	5.65
经济增加值（万元）	-18 100	-14 680.99	-9 747.9	-7 252.17

说明：有息债务平均占用 = 期末有息债务；权益资本平均占用 =（期初净资产 + 期末净资产）÷2
投资资本回报率 = 息前税后利润（即税后净营业利润）÷平均资本占用
加权平均资金成本 = 平均有息债务占比 × 5% ×（1-20%）+ 平均权益占比 × 10%
经济增加值 = 息前税后利润（即税后净营业利润）- 平均资本占用 × 加权平均资金成本

3. 公司实现的会计利润和净资产收益率均稳步增长，公司盈利能力逐年增强。说明公司初步实现了会计利润最大化的财务战略目标。

公司历年的经济增加值均为负数，虽然经济增加值的亏损额逐年降低，但金额仍然较大。说明公司价值不增反降，没有实现经济增加值最大化目标。造成会计利润与经济增加值之间巨大反差的主要原因是：相较于创收规模，资本占用过大，造成投资资本回报率明显低于综合资本成本率。

案例分析题六

1. 按照主要技术路径，属于传统模式；按照覆盖范围属于专业型，仅涵盖资金业务；按照运作模式，属于高级市场运营模式。

2. 不恰当。虽然财务共享服务与企业集团财务集中的相同点都是实质上达到了部分财务集中的效果，但是其目标、手段、人员、流程等方面均不同。

3. 还应该考虑以下因素：（1）明确要建设的财务共享服务中心的种类：专业化、地域化、全范围。（2）成本因素：人力成本、通信成本、房租成本等。（3）环境因素：政策环境、发展能力和城市竞争力等。（4）人力资源：教育资源、人员流动性、人力资源充沛性等。

4. 恰当。常见的建设目标包括：（1）提高业务处理效率；（2）降低成本；（3）加强管控；（4）加强数字化转型等。

5.（1）大数据分析和数据可视化的特点。大数据技术是指运用计算机软硬件强大的计算能力，对海量数据按照一定的算法进行分析的技术的统称。这将帮助企业从海量数据中挖掘有价值的信息，支持企业管理者作出更明智的战略及经营决策。数据也将成为企业重要的资产，形成企业核心竞争力，影响着企业的未来。数据可视化是和数据分析密切联系在一起的，可视化是指为了有效地传达和沟通信息，借助于图形化手段，考虑数据传递中的美学形式与功能，尽可能直观地传达数据关键内容、现象、规律、特征，促进数据使用者对数据的深入理解和洞察。

（2）对财务共享服务中心的影响。从职能上看，财务共享服务中心将成为企业数据中心、可视化财务驾驶舱。从数据维度上看，可以更好地利用企业内外部数据为业务部门提供分析服务。

案例分析题七

1. 资料（1）中：
事项①的做法不存在不当之处。
注：国家设立的中央级研究开发机构，对其持有的科技成果，可以自主决定转让，不需报各部门和财政部审批或者备案。
事项②的做法不存在不当之处。
注：国家设立的中央级研究开发机构转化科研成果所获得的收入全部留归本单位，纳入单位预算，统一核算、统一管理。

2. 资料（2）中：
事项①的做法存在不当之处。

理由：甲单位以国有资产对外出租，单位价值在 800 万元以上（含 800 万元）应当报经主管部门审核同意后，报财政部审批。

事项②不存在不当之处。

注：中央级事业单位利用国有资产出租、出借取得的收入，纳入单位预算，统一核算、统一管理。

3. 资料（3）中，甲单位的处理正确。

注：持卡人使用公务卡消费结算的各项公务支出，必须在发卡行规定的免息还款期内到单位报销，因个人报销不及时造成的罚息、滞纳金等相关费用，由持卡人承担。

4. 资料（4）中：

事项①的做法不存在不当之处。

事项②的做法不存在不当之处。

5. 资料（5）中：

事项①的处理正确。

注：符合下列情形之一的，可以采用框架协议：集中采购目录以外，采购限额标准以上，本部门、本系统行政管理所需的法律、评估、会计、审计等鉴证咨询服务，属于小额零星采购的。

事项②的处理正确。

注：直接选定方式是封闭式框架协议采购下确定第二阶段成交供应商的主要方式，确定第二阶段成交供应商应当由采购人依据入围产品价格、质量以及服务便利性、用户评价等因素，从第一阶段入围供应商中直接选定。

案例分析题八

1. 资料（1）中：

建议①存在不当之处。

理由：中央部门应当严格执行批准的基本支出预算。执行中发生的非财政补助收入超收部分，原则上不再安排当年的基本支出，可报财政部批准后，安排项目支出或结转下年使用。

建议②存在不当之处。

理由：年度预算执行结束后，中央部门应在 45 天内完成对结余资金的清理上报财政部。

2. 资料（2）中：

建议①存在不当之处。

理由：对于供应商法人代表已经出具委托书的，不得要求供应商法人代表亲自领购采购文件或者到场参加开标、谈判等。

建议②存在不当之处。

理由：对于满足合同约定支付条件的，采购人应当自收到发票后 30 日内将资金支付到合同约定的供应商账户。

3. 资料（3）中：

建议①不存在不当之处。

建议②不存在不当之处。

建议③存在不当之处。

理由：中央级事业单位国有资产处置收入，在扣除相关税金、资产评估费、拍卖佣金等费用后，按照政府非税收入管理和国库集中收缴管理规定上缴中央国库。

4. 资料（4）中：

事项①不存在不当之处。

事项②不存在不当之处。

事项③存在不当之处。

理由：中央部门所属单位整体支出绩效目标和二级项目绩效目标，由中央部门或所属单位按预算管理级次批复。

5. 资料（5）中，甲单位的做法不正确。

理由：有政府非税收入收缴职能的单位，应当按照规定项目和标准征收政府非税收入，按照规定开具财政票据，做到收缴分离、票款一致，并及时、足额上缴国库或财政专户。

案例分析题九

1. 不正确。

正确的会计处理：以公允价值计量且其变动计入当期损益的金融资产不计提减值，而是在期末按公允价值计量，且将其变动计入当期损益（公允价值变动损益）。

2. 不正确。

正确的会计处理：附回购协议的金融资产出售，回购价为回购日该金融资产公允价值，表明企业已将金融资产所有权上几乎所有的风险报酬转移给转入方，应终止确认金融资产，将收到的对价与金融资产账面价值的差额计入当期损益。

3. 不正确。

正确的分类：甲公司承担了支付现金的合同义务，应将发行的股票分类为金融负债。

4. 事项①的会计处理正确。

注：对确定承诺的外汇风险进行的套期，企业可以作为公允价值套期或现金流量套期处理。

事项②的会计处理不正确。

正确的会计处理：该远期外汇合同产生的利得或损失中属于套期有效的部分，作为现金流量套期储备，计入其他综合收益；属于套期无效的部分计入当期损益。

事项③的会计处理不正确。

正确的会计处理：甲公司应在购入原材料时，将原在其他综合收益中确认的现金流量套期储备金额转出，计入原材料成本中。购入原材料的人民币成本为购入原材料约定的美元合同价款与当日即期汇率的乘积，与转入的其他综合收益的金额之和。

5. 事项①的处理正确。

事项②的处理不正确。

正确的处理：甲公司在召开股东大会前，通过公司网站，在公司内部公示激励对象的姓名和职务，公示期不少于 10 天。

事项③的处理不正确。

正确的处理：该表决需经出席会议的股东所持表决权的 2/3 以上通过。

事项④的处理不正确。

正确的处理：在等待期内的每个资产负债表日，以对可行权情况的最佳估计为基础，按照公司承担负债的公允价值，将当期取得的服务计入相关资产成本或当期费用，同时计入应付职工薪酬。

2023 年度高级会计资格
《高级会计实务》全真模拟试题（五）
参考答案及解析

案例分析题一

1. 公司采用收缩型战略，从细分来看属于转向战略。

2. 新能源车企属于问号型企业。因为其市场占有率低，没有整车量产也就没有销量，因此未来还存在不确定性。

3. 短期看属于防御型战略；长期看属于扩张型战略。

案例分析题二

1. 确定预算目标应遵循的原则包括先进性原则、可行性原则、适应性原则、导向性原则、系统性原则。

2023 年目标利润 = 30 000 × (1 + 10%) × [10% × (1 + 10%)] = 363（万元）。

2. 2023 年应采取的预算编制方法：滚动预算法。

优点：通过持续滚动预算编制、逐期滚动管理，实现动态反映市场、建立跨期综合平衡，从而有效指导企业营运，强化预算的决策与控制职能。

3. 遵循的预算控制原则：加强过程控制、突出管理重点。

其他的预算控制原则包括：刚性控制与柔性控制相结合、业务控制与财务控制相结合。

4. 从营业收入角度来看，A 业务的境外和 B 业务的境内都完成了预算，其他的完成情况不好。

从 EVA 的角度来看，A 业务的境内和 B 业务的境外完成的情况不理想。

主要优点：分析者可以从多个角度、多个侧面观察相关数据，从而更深入地了解数据中的信息与内涵。

5. 绩效评价财务指标的主要优点：考虑了所有资本的成本，更真实地反映了企业的价值创造能力；实现了企业利益、经营者利益和员工利益的统一，激励经营者和所有员工为企业创造更多价值；能有效遏制企业盲目扩张规模以追求利润总量和增长率的倾向，引导企业注重长期价值创造。

使用经济增加值指标进行绩效评价的效果主要包括：（1）提高企业资金的使用效率。EVA 的构成要素可以细分为资产周转率和资产报酬率等指标。（2）优化企业资本结构。EVA 指标考虑了资本成本，EVA 与资本成本的高低呈负相关关系，资本成本是企业资本结构的重要决定因素。（3）激励经营管理者，实现股东财富的保值增值，价值导向的激励体系。改善经营管理者与企业所有者之间的委托代理关系，使二者的目标趋向一致，共同致力于实现企业价值的最大化。（4）引导企业做大做强主业，优化资源配置。把不具有投资价值的项目和非核心业务及时从企业中剥离，加大极具投资价值的核心业务领域投资。通过投资项目的合理规划组合，实现整个企业资源的优化。

案例分析题三

1. 资料（1）中：

事项①存在不当之处。

不当之处：公司治理只能通过一套正式的、公司内部的制度来协调公司与所有利益相关者之间的利益关系。

理由：公司治理是通过一套包括正式或非正式的、内部或外部的制度或机制来协调公司与所有利益相关者之间的利益关系，以保证公司决策的科学性与公正性，从而最终维护各方面的利益。

事项②存在不当之处。

不当之处：公司决定在每一个采购招标小组中，由内部审计人员兼任副组长。

理由：公司应保证内部审计机构设置、人员配备和工作的独立性。

2. 资料（2）中资金活动控制存在不当之处。

不当之处：重大筹资方案由公司财务总监审批。

理由：重大筹资方案应当按照规定的权限和程序实行集体决策或者联签制度，不能由个人审批。

3. 资料（3）中存在不当之处。

不当之处：A 会计师事务所出具内部控制评价报告并对外发布。

理由：内部控制评价报告经企业董事会批准后按要求对外披露。

4. 资料（4）中：

事项①关于聘请内部控制审计师不存在不当之处。

事项②审计测试存在不当之处。

不当之处：B 会计师事务所利用甲公司内部评价工作成果达到减轻审计责任的目的。

理由：建立健全和有效实施内部控制，评价内部控制的有效性，是企业董事会的责任；在实施审计工作基础上对内部控制的有效性发表审计意见，是注册会计师的责任。注册会计师不能因为利用企业内部控制评价成果而减轻审计责任。

5. 甲公司采取的风险识别技术是头脑风暴。

6. 资料（5）事项①中：

风险 a，按来源和范围分类，产业风险属于外部风险；

风险 b，按能否带来盈利等机会分类，原材料价格波动属于机会风险；

风险 c，按采取应当措施及其有效性分类，采取高科技手段控制后的环保风险，属于剩余风险。

7. 资料（5）事项②中：

应对措施 a，加大科技投入实现产品更新换代，属于风险降低（风险转换）策略；

应对措施 b，签订期货合同进行套期保值，属于风险分担（风险对冲）策略；

应对措施 c，绝不上马高污染项目，属于风险规避策略。

案例分析题四

1. 财务部经理选择的融资方式属于私募股权融资，采用的退出方式是回购方式。

2. 财务副总的发言不准确。主要表现在财务公司需按照银保监会的要求开展业务。银保监会规定：资本充足率不低于 10%，长期项目占资本总额比重不得高于 20%，这两项关键指标都没有达到监管要求。

3. 市净率 $= 4.2 \div (20 \div 4) = 0.84$

配股除权价格 $= (4 \times 4 + 3.8 \times 1) \div (4 + 1) = 3.96$（元/股）

4. 财务公司需要注意的风险包括：战略风险、信用风险、市场风险、操作风险。

公司按理论价值测算的市盈率 = 股价 ÷ 每股收益 $= 8 \div 1 = 8$。

5. 战略地图是以平衡计分卡四个层面目标为核心，通过分析四个层面目标的相互关系而绘制的企业战略因果关系图。相对于平衡计分卡，增加了两项内容：一是颗粒层，每个层面下都可以分解为很多要素；二是增加了动态层面，战略地图是动态的，可以结合战略规划过程来绘制。

案例分析题五

1. 变动成本法的缺点：一是计算的单位成本并不是完全成本，不能反映产品生产过程中发生的全部耗费；二是不能适应长期决策的需要。

2. 间接成本分配。

作业中心	成本库（元）	动因量	分配率	甲产品（元）	乙产品（元）
材料处理	18 000	600	30	12 000	6 000
材料采购	25 000	500	50	17 500	7 500
使用机器	35 000	2 000	17.5	21 000	14 000
设备维修	22 000	1 100	20	14 000	8 000
质量控制	20 000	400	50	12 500	7 500
产品运输	16 000	80	200	10 000	6 000
合计	136 000			87 000	49 000
单位成本				96.67	163.33

3. 若将上述间接成本按照机器小时数进行分配，则单位小时成本 = 136 000 ÷ 2 000 = 68（元）。故甲产品分摊成本 = 68 × 1 200 = 81 600（元），单位产品成本 = 81 600 ÷ 900 = 90.67（元）；乙产品分摊成本 = 68 × 800 = 54 400（元），单位产品成本 = 54 400 ÷ 300 = 181.33（元）。

4. 按照作业成本法计算，甲产品单位售价 = （100 + 10 × 3 + 96.67）× 120% = 272（元）。

乙产品单位售价 = （100 + 10 × 6 + 163.33）× 120% = 388（元）。

按照机器小时法计算，甲产品单位售价 = （100 + 10 × 3 + 90.67）× 120% = 264.8（元）。

乙产品单位售价 = （100 + 10 × 6 + 181.33）× 120% = 409.6（元）。

5. 特点：（1）作业成本法下间接费用分配按照成本动因分配，分配标准多元，而非仅选一种分配标准。（2）作业成本法计算的结果修正了传统成本计算对成本信息的扭曲。（3）作业成本信息可以用于定价决策，便于利用成本因素进行有效定价。

案例分析题六

1. 并购动机：纵向一体化；资源互补。

2. 运用可比交易分析法，计算过程如下：

①计算可比交易的 EV/EBIT 和 P/BV 平均值：

EV/EBIT 的平均值 = （10.47 + 9.04 + 12.56 + 7.44 + 15.49）÷ 5 = 11（倍）

P/BV 的平均值 = （1.81 + 2.01 + 1.53 + 3.26 + 6.39）÷ 5 = 3（倍）

②计算乙公司加权平均评估价值：

乙公司息税前利润 EBIT = 6.5 + 0.5 = 7（亿元）。

按可比交易 EV/EBIT 平均值计算，乙公司整体价值（含有息债务）= 7 × 11 = 77（亿元）。

乙公司股权价值 = 77 - 10 = 67（亿元）。

按可比交易 P/BV 平均值计算，乙公司股权价值 $=21 \times 3 = 63$（亿元）。

乙公司加权平均评估价值 $=67 \times 60\% + 63 \times 40\% = 40.2 + 25.2 = 65.4$（亿元）。

3. 对甲公司而言，并购对价合理。

理由：乙公司的股权收购对价为 65 亿元，低于乙公司股权评估价值 65.4 亿元，属于折价收购。此外，并购收益还未考虑可能存在的并购协同价值。

4. 融资方式选择：应选择权益融资。

理由：由于甲公司并购前的资产负债率已高达 80%，根据银行贷款利率的风险导向定价政策，债务融资成本大幅提升，权益融资资本成本相对更低；采用银行贷款将会进一步提高甲公司的资产负债率，从而加大财务风险。

案例分析题七

1. A 集团下设的三个共享服务中心按覆盖范围属于专业财务共享服务中心，仅覆盖某个业务板块。财务共享中心和财务管理部门两者之间是平行关系。

2. 甲公司财务共享服务中心按运作模式属于独立经营模式。

3. 乙公司采用传统财务共享服务。建设的重点包括：（1）统一了会计制度和财务管理制度、统一了处理标准，集中分析和分发财务信息。（2）人员物理地集中在独立的财务共享中心。（3）内部业务流程进行梳理和流程化管控，升级信息系统。

4. （1）特点：程序复杂，单据和记录繁杂，工作量大易出错，适合财务共享。

（2）流程涉及的业务内容：业务审批流程、业务人员填单、收入会计审核、财务共享服务中心归档。

案例分析题八

1. 事项①不正确。

理由：该债券的初始确认金额 $=4\ 508 + 12 = 4\ 520$（万元）。

事项②正确。

2. 事项①不正确。

理由：鉴于该或有事项（能否成功 IPO）不受长江公司控制，属于或有结算条款。由于长江公司不能避免赎回股票，该工具应分类为金融负债。

事项②不正确。

理由：对于归类为金融负债的金融工具，无论其名称中是否包含"股"，其利息支出或股利分配原则上按照借款费用进行处理。

3. 事项①不当之处：激励对象中包括持有本公司 6% 股份的股东。

理由：单独或合计持有上市公司 5% 以上股份的股东或实际控制人及其配偶、父母、子女，不得成为激励对象。

事项②无不当之处。

事项③不当之处：授予价格为股权激励计划草案公布前 1 个交易日的公司股票交易均价的 20% 与股权激励计划草案公布前 60 个交易日的公司股票交易均价的 20% 的较高者。

理由：授予价格不得低于股票票面金额，且原则上不得低于下列价格较高者：（1）股权激励计划草案公布前 1 个交易日的公司股票交易均价的 50%；（2）股权激励计划草案公布前 20 个交易日、60 个交易日或者 120 个交易日的公司股票交易均价之一的 50%。

事项④不当之处：在限制性股票有效期内，各期解除限售的比例不得超过激励对象获授限制性股票总额的 80%。

理由：在限制性股票有效期内，各期解除限售的比例不得超过激励对象获授限制性股票总额的 50%。

事项⑤无不当之处。

事项⑥不当之处：本计划提交股东大会审议，并经出席会议的股东所持表决权的 50% 以上通过。

理由：本计划在董事会依规定程序履行公示、公告程序后，提交股东大会审议，并经出席会议的股东所持表决权的 2/3 以上通过。

事项⑦不当之处：按资产负债表日权益工具公允价值计算成本费用，并计入应付职工薪酬。

理由：权益结算的股份支付，应按照权益工具在授予日的公允价值，将当期取得的服务计入相关资产成本或当期费用，同时计入资本公积。

4. 事项①无不当之处。

事项②不当之处：根据公司原材料所需数量和相关价格，卖出 2 万吨铅锭；根据产品销售情况和相关产品价格，买入 3 万吨铅锭。

理由：对于购入原材料应回避价格上涨，采取买入套期；对于卖出产品应回避价格下跌，采取卖出套期。

事项③不当之处：对于现金流量套期，期货公允价值变动计入当期损益。

理由：在现金流量套期下，套期工具利得或损失中属于有效套期的部分，直接确认为其他综合收益；套期工具产生的利得或损失中属于套期无效的部分，应当计入当期损益。

案例分析题九

1. 资料（1）甲单位的做法正确。

注：项目支出结余资金原则上由财政部收回。

2. 资料（2）甲单位的做法不正确。

理由：项目支出预算一经批复，中央部门应当按照批复的项目支出预算组织项目的实施，项目单位严格执行项目计划和项目支出预算。中央部门及项目单位不得自行调整。

3. 资料（3）中：

事项①的做法正确。

事项②的做法不正确。

理由：基本存款账户开户银行原则上不得接受中央一体化系统以外的单位资金支付指令，属于甲单位资金收入的，按规定通过中央一体化系统填报资金支付申请。

4. 资料（4）中：

事项①的做法不正确。

理由：在获得财政部门核准后，以公开招标方式开展政府采购。

事项②的做法正确。

注：政府采购进口产品合同履行中，采购人确需追加与合同标的相同的产品，在不改变合同其他条款的前提下，所有补充合同的采购金额不超过原合同采购金额10%的，可以与供应商协商签订补充合同，不需要重新审核。

5. 资料（5）中：

事项①的做法正确。

注：绩效监控采用了目标比较法，用定量分析和定性分析相结合的方式，将绩效实现情况与绩效目标进行比较，对目标完成、预算执行、组织实施、资金管理等情况进行分析评判。

事项②的做法不正确。

理由：定性指标得分根据指标完成情况分为达成年度指标、部分达成年度指标并具有一定效果、未达成年度指标且效果较差三档，分别按照该指标对应分值区间100%~80%（含）、80%~60%（含）、60%~0%合理确定分值。

6. 资料（6）中，甲单位的做法不正确。

理由：同一部门上下级单位之间和部门所属单位之间，不得相互捐赠资产。

7. 资料（7）的做法正确。

8. 资料（8）中：

事项①的做法不正确。

理由：中央级事业单位国有资产出租，资产单项价值在800万元人民币以上（含800万元）的，经主管部门审核后报财政部门审批。

事项②的做法不正确。

理由：事业单位应严格控制出租出借国有资产行为，确需出租出借资产的，在按照规定程序履行报批手续后，原则上实行公开竞价招租，必要时可以采取评审或者资产评估等方式确定出租价格。

事项③的做法正确。

注：中央级事业单位租金收入纳入单位预算，统一核算，统一管理。

2023 年度高级会计资格
《高级会计实务》全真模拟试题（六）
参考答案及解析

案例分析题一

1. 不合理。

理由：境外直接投资项目要注意评价主体问题。由于分属两个国家，境外投资项目必须考虑对母公司其他业务以及外汇管制和税收制度的影响。如果以母公司作为评价主体，所采用的现金流量必须是汇回母公司的现金流量。

A 公司财务部是按照当地现金流测算，因此结果并不能保证能为 A 公司股东创造价值。

2. 境外直接投资风险主要包括：政治风险、经济风险、经营风险和外汇风险等。

针对董事会要求，A 公司财务部应充分分析东道国经营环境，预计可能面临的问题，编制风险管理计划。当投资完成风险评估和预测后，可根据结论采取回避、保险、特许协定、调整投资策略等措施进行应对。

当完成境外投资，公司对境外国家风险防范和抵御能力大大下降，为减少损失，投资者可以采取有机会撤资、短期利润最大化、发展当地利益相关者、适应性调整、寻求法律保护等措施进行风险控制。

3. 根据财务的测算结果，B 公司董事会不能简单给出结论。

因为投资决策中不能直接使用公司综合平均资本成本，而是采用特定项目的风险贴现率。按照要求，X 项目现金流应该按照 8% 贴现；Y 项目现金流应该按照 15% 贴现。

因此，X 和 Y 项目不应按照（10%）贴现率贴现，因此即使计算出了 NPV，也不能用于决策。

4. C 公司财务总监的判断正确，首先需要计算该公司可持续增长率。

可持续增长率 $= 0.6 \times 10\% \times 2 \times 0.5 \div (1 - 0.6 \times 10\% \times 2 \times 0.5) \times 100\% = 0.06 \div$

$0.94 \times 100\% = 6.38\%$。可持续增长率＜公司2016年计划销售增长率（10%），公司资金存在短缺。

5. 根据增长管理框架，公司实际增长率高于可持续增长率，公司应采用发售新股、增加借款提高杠杆率、削减股利、剥离无效资产、供货渠道选择、提高产品定价等策略解决融资缺口问题。

案例分析题二

1. 甲企业各项指标完成情况总体上不佳。

2. 甲企业存在以下问题：（1）经济运行态势出现不好苗头。（2）增收不增利。营业预算执行率尚可，但是成本预算执行率超进度，利润指标未完成预算进度。（3）成本和利润总额增长幅度超过营业收入增长幅度，利润增长幅度虽比上年增长，但不及行业标杆水平。

建议：保持收入增长，向标杆企业看齐；控制成本费用，提升利润水平。

3. 税后净营业利润 $= 4\,500 + (1\,200 + 6\,500) \times (1 - 25\%) = 10\,275$（万元）

平均资本占用 $= 65\,000 - 3\,500 = 61\,500$（万元）

经济增加值 $= 10\,275 - 61\,500 \times 10\% = 4\,125$（万元）

优点：考虑了所有资本的成本，更真实地反映了企业的价值创造能力；实现了企业利益、经营者利益和员工利益的统一，激励经营者和所有员工为企业创造更多价值；能有效遏制企业盲目扩张规模以追求利润总量和增长率的倾向，引导企业注重长期价值创造。

案例分析题三

1. 资料（1）不存在不当之处。

2. 资料（2）中：

事项①做法不存在不当之处。

事项②做法存在不当之处。

理由：不惜采取一切代价控制风险，不符合成本效益原则。

事项③做法不存在不当之处。

事项④做法存在不当之处。

理由：对企业的重大风险，不应采取风险承受策略。

3. 资料（3）中，甲公司的做法存在不当之处。

理由：企业通过管理风险使不利因素控制在企业的可承受范围之内。

4. 资料（4）不存在不当之处。

5. ①平安公司风险管理部门采取的风险分析方法为情景分析法。

②情景分析法属于定量技术（非概率技术）。

6. ①如果美元兑人民币汇率从 1∶6.2 变为 1∶7.0，该笔外币借款的风险敞口（潜在损失）= 10 × 7 - 10 × 6.2 = 70 - 62 = 8（亿元人民币）。

②根据风险分析结果，该笔外币借款汇率风险敞口为 8 亿元人民币，超出了企业董事会确定的 5 000 万元的风险容忍度，可采取风险分担策略，与金融机构签订远期外汇合约、货币互换协议等，进行套期保值，把剩余风险控制在可承受范围内。

7. 资料（6）甲公司的做法存在不当之处。

理由：在风险监控中发现的已经形成较大损失的重要事件应向上一级部门报告；对重大事件，应向公司管理层或董事会报告。

案例分析题四

1. 并购类型：纵向并购（或：后向一体化）。

2. 2021 年度乙公司税后净营业利润 = 2.8 ×（1 - 25%）= 2.1（亿元）

乙公司有息债务总额 = 净资产账面价值 × 有息债务权益比率 = 10 × 0.4 = 4（亿元）

乙公司资本占用总额（或投资资本）= 10 + 4 = 14（亿元）

2021 年度乙公司经济增加值 = 2.1 - 14 × 10% = 0.7（亿元）

2022 年度乙公司经济增加值 = 0.7 ×（1 + 50%）= 1.05（亿元）

2021 年底，乙公司未来经济增加值的折现值 = 1.05 ÷ 15% = 7（亿元）。

2021 年底，乙公司股权价值 = 净资产账面价值 + 经济增加值的折现值 = 10 + 7 = 17（亿元）。

注：如果公司未来经济增加值为 0，即不产生超额利润，则权益价值等于净资产账面价值。所以，权益价值可以分解为净资产账面价值，以及未来超额利润的资本化价值。未来经济增加值的资本化计算采用永续增长模型，其中：增长率为 0，折现率为股权资本成本率 15%。

3. 并购收益 = 160 -（132 + 17）= 11（亿元）

并购溢价 = 20 - 17 = 3（亿元）

并购净收益 = 11 - 3 - 0.5 = 7.5（亿元）

甲公司并购乙公司后能产生 7.5 亿元的并购净收益，从财务角度分析，此项并购交易是可行的。

4. 甲公司对乙公司主要进行了以下类型的整合：人力资源整合、管理整合和财务整合。

案例分析题五

1. 甲企业的成本管理方法是目标成本法。企业实施目标成本管理时大体遵循以下六项基本原则：（1）价格引导的成本管理；（2）关注顾客；（3）关注产品与流程设计；（4）跨职能合作；（5）生命周期成本削减；（6）价值链参与。

2.（1）目标成本 = 6 × （1 - 20%） = 4.8（万元）。（2）成本降低目标 = 5.5 - 4.8 = 0.7（万元）。

3. 成本管理理念：从静态成本管理向动态成本管理转变；从制造成本向全周期成本转变。

案例分析题六

1. 资料（1）中：

事项①存在不当之处。

理由：部门所属单位预决算公开的时间为部门批复后 20 日内。

事项②不存在不当之处。

注：部门所属单位预决算公开的内容为部门批复的单位预算、决算及报表。单位预算、决算应当公开基本支出和项目支出；单位在公开预决算时，要对本单位职责及机构设置情况、预决算收支增减变化、运行经费安排、"三公"经费、政府采购等重点事项作出说明，结合工作进展情况逐步公开国有资产占用、预算绩效管理等信息。

2. 资料（2）中，甲单位的做法存在不当之处。

理由：教育收费专户管理资金通过中央一体化系统进行集中校验和人工审核后，直接拨付到试点单位实有资金账户，不再由试点部门转拨。

3. 资料（3）中：

事项①不存在不当之处。

注：符合下列情形之一的，应当采用竞争性谈判：①需要通过谈判细化解决方案，明确详细技术规格标准、服务具体要求或者其他商务指标的；②需要由供应商提供解决方案，通过谈判确定一种或多种解决方案，并细化解决方案内容的。

事项②存在不当之处。

理由：在多方案谈判方式下，供应商按要求提供最终响应文件，给予供应商的响应时间应当不少于 3 日。

4. 资料（4）中：

事项①存在不当之处。

理由：单位对外投资应当由单位领导班子集体研究决定后，按国家有关规定履行报批手续。

事项②存在不当之处。

理由：大额债务的举借和偿还属于重大经济事项，应当进行充分论证，并由单位领导班子集体研究决定后，按国家有关规定履行报批手续。

案例分析题七

1. 原因：财务工作具有业务量大、分散化、重复性高、标准化程度高的特点。

2. （1）财务集中是指集团公司对下属公司实行集中管控，整合集团内部财务资源，提高资源使用效率、防范决策风险的一种安排。通过资金集中、全面预算、统一财务管理制度和会计核算政策、财务人员委派，贯彻整体战略，强化集团内部审计。财务集中并不集中财务人员、不改变组织架构、不改变人员配置和业务处理流程。

财务共享服务的特点：加强了企业的管控、达到了财务集中的效果，统一了会计制度和财务管理制度、统一了处理标准，财务信息的集中分析和分发、人员物理地集中在独立的财务共享中心，组织机构、人员配置、处理流程、信息系统发生变化。

（2）该财务共享服务中心属于全范围共享中心。

3. （1）分、子公司财务部门，取消财务核算，保留财务分析、业务支持、报税等职能，配备兼职扫描员、上传单据。（2）财务共享服务中心负责全集团专业化、集中化、财务核算、明确标准，归并业务种类，专业化分工，也可承担财务分析和税务处理职能。（3）企业集团财务管理部门主要负责规范制定、管理会计、投融资、税务筹划及内部稽核。

案例分析题八

事项（1）的处理不存在不当之处。

注：中央部门在预算执行中因增人增编增加基本支出的，应首先通过基本支出结转资金安排。

事项（2）的处理存在不当之处。

理由：项目支出预算一经批复，中央部门应按照批复的项目支出预算组织项目实施，在年度预算执行中确需调整资金用途的，需报财政部审批。

事项（3）的处理存在不当之处。

理由：处置单位价值或批量价值 1 500 万元以下的国有资产，由各部门审批。

事项（4）的处理存在不当之处。

理由：招标公告的公告期限为 5 个工作日。

事项（5）甲单位出租办公楼的做法存在不当之处。

理由：中央级事业单位将国有资产对外出租，在 800 万元人民币（含 800 万元）以上的，须经主管部门审核后报同级财政部门审批。

事项（6）的处理建议存在不当之处。

理由：购置有规定配备标准或限额以上资产的，应先报经财政部审批同意后，才能将资产购置项目列入年度部门预算，并在进行项目申报时一并报送资产购置批复文件。

事项（7）的处理建议不存在不当之处。

事项（8）甲单位将预计形成结转资金用于购买国债的决定存在不当之处。

理由：对当年批复的预算，预计年底将形成结转资金的部分，除基本建设项目外，应按规定程序报经批准后，调减当年预算或调剂用于其他急需资金的支出。

事项（9）不存在不当之处。

案例分析题九

1. 董事长的发言中：

建议①存在不当之处。

不当之处：股权激励对象包括独立董事和监事。

理由：激励对象可以包括上市公司的董事、高级管理人员、核心技术人员或者核心业务人员，以及公司认为应当激励的对公司经营业绩和未来发展有直接影响的其他员工，但不应当包括独立董事和监事。

建议②存在不当之处。

不当之处：全部在有效期内的股权激励计划所涉及的标的股票总量应占股本总额的20%。

理由：全部在有效期的股权激励计划所涉及的标的股票总量累计不得超过股本总额的10%。

建议③存在不当之处。

不当之处：行权有效期2年。

理由：行权有效期为股权生效日至股权失效日止的期限，由上市公司根据实际确定，但不得低于3年。

2. 总经理的发言中：

建议①不存在不当之处。

建议②不存在不当之处。

建议③存在不当之处。

不当之处：将套期工具产生的利得或损失计入其他综合收益；被套期项目不改变计量属性，不确认损益。

理由：公允价值套期满足运用套期会计方法条件的，套期工具产生的利得或损失应当计入当期损益；被套期项目因被套期风险敞口形成的利得或损失应当计入当期损益，同时调整未以公允价值计量的已确认被套期项目的账面价值。

3. 投资部经理的发言中：

建议①不存在不当之处。

建议②不存在不当之处。

建议③存在不当之处。

不当之处：本公司应终止确认该债券，同时确认损益。

理由：采用附追索权方式出售金融资产，企业保留了金融资产所有权上的几乎所有风险和报酬，不应当终止确认相关金融资产，同时将收到的对价确认为一项金融负债。

4. 资金部经理的发言中：

建议①不存在不当之处。

建议②存在不当之处。

不当之处：发行费用直接计入当期损益。

理由：对于以摊余成本计量的金融负债，相关交易费用计入初始确认金额。

建议③不存在不当之处。

5. 财务部经理发言中：

想法①存在不当之处。

不当之处：采用权益结算的股份支付，不会产生费用。

理由：以权益结算的股份支付，企业应当在等待期内的每个资产负债表日，以对可行权权益工具数量的最佳估计为基础，按照权益工具在授予日的公允价值，将当期取得的服务计入相关资产成本或当期费用。

想法②存在不当之处。

不当之处：在资产负债表日按照权益工具在资产负债表日的公允价值，增加应付职工薪酬，冲减所有者权益。

理由：以权益结算的股份支付，企业应当在等待期内的每个资产负债表日，按照权益工具在授予日的公允价值，将当期取得的服务计入相关资产成本或当期费用，同时计入资本公积（其他资本公积）。